Ulrich Gierse

Vorbild Hannah Arendt

Aktive Politik gegen den Hass

Ulrich Gierse

Vorbild Hannah Arendt

Aktive Politik gegen den Hass

Impressum

Bibliografische Information der Deutschen Nationalbibliothek:
Die Deutsche Nationalbibliothek verzeichnet diese
Publikation in der Deutschen Nationalbibliografie;
detaillierte bibliografische Daten sind im Internet
über http://dnb.dnb.de abrufbar.
Die automatisierte Analyse des Werkes, um daraus
Informationen insbesondere über Muster, Trends und
Korrelationen gemäß §44b UrhG („Text und Data Mining")
zu gewinnen, ist untersagt.

Umschlaggestaltung: Ulrich Gierse, unter Verwendung einer
Grafik der FU Berlin

Verlag:
BoD · Books on Demand GmbH, In de Tarpen 42,
22848 Norderstedt
Druck:
Libri Plureos GmbH, Friedensallee 273, 22763 Hamburg

ISBN: 978-3-7543-2282-6

Widmung

Für Max und Hannes, die im Sinne Hannah Arendts noch so jung sind, dass sie neu anfangen können.

Und für meine Frau Sylvia, nur durch sie ist das Buch einigermaßen verständlich geworden.

Schön, dass es euch gibt!

Inhalt

"Die alte Welt liegt im Sterben, die neue ist noch nicht geboren: Es ist die Zeit der Monster." *Antonio Gramsci*

Vorwort

In Alfred Hitchcocks Horror-Klassiker "Die Vögel" beginnt der Überfall der Krähen auf die Kleinstadt Bodega Bay mit der Ankunft eines einzigen schwarzen Vogels. Niemand bemerkt ihn, niemand reagiert, denn es ist ja bloß ein einziger Vogel. Erst später, wenn der Himmel finster wird von den Krähenschwärmen und es Tote gibt, versteht man die Bedeutung der ersten Krähe.

Die ersten Hinweise auf eine drohende Katastrophe werden gern beiseitegeschoben. Menschen neigen offensichtlich stark dazu, sich vor allem nach Krisen schnell der Illusion von Harmonie hinzugeben. Nach dem Ersten Weltkrieg dachte man, das sei nun endgültig der letzte Krieg gewesen und die Demokratie habe weltweit gesiegt, stattdessen wurden die Demokratien durch Stalinismus und Faschismus in die nächste Katastrophe geführt. Am Ende des Zweiten Weltkriegs war Franklin Roosevelt davon überzeugt, dass nun das Zeitalter „einer Weltorganisation" aus „friedliebenden Nationen" angebrochen sei, die eine „dauerhafte Struktur des Friedens" zum Ziel hätte. Was kam, war der erste globale Krieg, der sogenannte Kalte Krieg. Nach dem Zusammenbruch des Sowjetimperiums 1990 prognostizierte der amerikanische Politologe Francis Fukuyama, dass das, was wir heute erleben, vielleicht das Ende der Geschichte als solche sei, er sah die Universalisierung der westlich-liberalen Demokratie als definitive Regierungsform des Menschen am Horizont.

Aktuell erleben wir das Ende der US-amerikanischen Vorherrschaft in der Welt, das Ergebnis ist eine globale Unordnung. Nationalismus, Rassismus und Antisemitismus erstarken, ein neuer islamischer Fundamentalismus erschüttert mit Terrorakten die Welt. Selbst in Europa sind die Nachkriegszeiten, in denen die nationalen Grenzen als sicher galten, mit dem Überfall auf die Ukraine durch die Russische Föderation vorbei. Nach dem Massaker vom 7. Oktober 2023 an über 1000 Zivilisten in Israel durch die islamistische Terrororganisation Hamas gab es nicht etwa eine weltweite Solidarisierung mit den Israelis, sondern einen Aufschwung von Antisemitismus. Die globale Linke zieht sich in das scheinbar überwundene Schneckenhaus der einfachen Wahrheiten zurück, und damit erleben wir eine bisher für Unsinn gehaltene Nähe zwischen rechts- und linksextremen Positionen.

Besorgniserregend ist insbesondere, dass es den Menschen, die extrem wählen, gar nicht um konkrete Inhalte zu gehen scheint, sondern sie wollen eine Bestrafung des „Systems" insgesamt, welches sie für ihre Probleme haftbar machen. Das zeigen auch die Wahlergebnisse der AfD bei den Europa-Wahlen, insbesondere in den Bundesländern der ehemaligen DDR. Trotz eines unsinnigen Programms und wahrscheinlich korrupter Spitzenkandidaten gelang es der AfD ein Rekordergebnis einzufahren und gleichzeitig noch Stimmen an die CDU und das BSW abzugeben. Das wäre vor einem Jahr noch als Schock empfunden worden, aber offensichtlich gibt es einen Gewöhnungseffekt, man nimmt das Desaster achselzuckend hin. Genauso befremdlich ist die Nähe von AfD und auch BSW zum neoimperialistischen russischen Staatsapparat und dessen Angriffskriegs gegen die Ukraine.

„Bussiness as usual" oder „Der Verbrenner ist mir wichtiger als die Zukunft meiner Kinder" sind die Verdrängungs-strategien vor allem in der Mitte der Gesellschaft. Die aktuell notwendigen Veränderungen wegen der Erderhitzung werden als Zumutungen betrachtet, die angeblich Angriffe auf die Freiheit bedeuten. Auch diese Ablehnung, Verantwortung zu übernehmen, ist Wasser auf die Mühlen der politischen Extremisten. Denn letztlich geht es allen extremistischen Bewegungen um Zerstörung. Zum einen ist der Rückzug ins Unpolitische immer schon die Basis für totalitäre Bewegungen gewesen und zum anderen sind Chaos und Zerstörung wesentliches Futter für Extremismus. Es geht um die Zerstörung von dem, was den Westen bzw. Deutschland heute ausmacht: Integration in die EU und die NATO, militärische Unterstützung gegen die gewaltsame Veränderung von Grenzen in Europa, Toleranz gegenüber sexuellen Orientierungen und nicht zuletzt den Anspruch die Menschenrechte wie sie in der UN-Charta oder im Grundgesetz festgeschrieben sind, zu erfüllen, was vor allem der Beschränkung von Migration Grenzen setzt.

Doch es gibt noch keinen Grund, in Panik auszubrechen, wir sind noch weit von totalitären Verhältnissen entfernt, aber autoritäre, reaktionäre und auch faschistische Perspektiven sind durchaus auch kurzfristig in einzelnen Ländern denkbar.[1]

Den Demokraten[2] weltweit bleibt noch Zeit, die Bedrohungen abzuwehren. Aber es ist so ähnlich wie bei der Klimakrise, wenn man nicht rechtzeitig anfängt, ist es vielleicht zu spät. Bei der Klimakrise ist die Ursache seit fast 50 Jahren bekannt, die CO_2-Emissionen müssen runter, darüber ist man sich politisch wie wissenschaftlich inzwischen einig. Bei der Analyse des

---

[1] Die Trump-Administration übernimmt am 20. Januar 2025 die amerikanische Regierung, in Deutschland gibt es Neuwahlen am 23.Februar 2025, und die Verteidigung der Ukraine ist aktuell wegen fehlendem Material schwierig (Stand Ende November 2024).
[22] Frauen sind hier und auch im Folgenden selbstverständlich mitgemeint.

totalitären Extremismus ist man noch nicht soweit. Weder journalistisch, wissenschaftlich noch politisch gibt es einen vergleichbaren Konsens über die Diagnose und erst recht nicht über Gegenstrategien. Das ist die Ausgangsposition, die mir zumindest Sorgen macht.

Die Fragestellung lautet also, was droht uns und gibt es Hebel zur Vermeidung einer weiteren politischen Katastrophe? Oder zugespitzt gefragt: was ist das CO_2 der Krise der Demokratien?

Hass scheint der neue Zeitgeist zu sein: Hass auf Einwanderer, Judenhass, Hass auf Grüne, Hass auf Polizisten, Hass auf Rettungskräfte, Hass auf jeden, der anderer Meinung ist. Hass zersetzt den Gemeinsinn und isoliert die Menschen unter- und voneinander. Die neuen digitalen Medien machen das Opfersein zu einem marktgängigen Mittel Geld zu verdienen. Die Posts, welche am wütendsten, am polemischsten sind, sind die von den Algorithmen der Social-Media-Plattformen bevorzugtesten. Und am besten ist es, wenn man sich selbst als verwundet zeigt. Wunden sind eine eindrucksvolle und daher beliebte Ware. Auch da zeigt sich, es geht gar nicht um Inhalte. Die Politiker, die die AfD inhaltlich stellen wollen, verkennen den Zerstörungswunsch und das Zerstörungspotential von extremistischen Haltungen. Inhalte sind dabei austauschbar, entscheidend ist die Opfer-Haltung.

Eine politische Strategie gegen den Hass müsste meiner Meinung nach folgendes leisten: Sich mit Rassismus und Antisemitismus als Trigger von politischen Affekten auseinandersetzen, den Zivilisations- und Traditionsbruch des Nazi-Regimes[3] im

---

[3] Ich konzentriere mich auf die deutsche Geschichte, zur Geschichte totaler Herrschaft gehört aber auch der Stalinismus in der Sowjetunion. Beides sind letztlich rechte Ideologien, die sich gegen die Freiheit des Individuums richten.

Bewusstsein präsent halten und darüber nachdenken, welche strukturellen Veränderungen zur Stärkung der Resilienz gegen extremistische Ideologien, gerade auch in Krisenzeiten, möglich und erfolgversprechend sind.

Und da kommt Hannah Arendt ins Spiel. Ihre Antwort auf die Frage, wie sich eine Wiederholung von totalitärer Herrschaft verhindern ließe, ist das Produkt eines lebenslangen Nachdenkens über totalitäre Herrschaft und der Verhinderung einer Wiederholung.

Ein heute wenig beachtetes Element für die Herausbildung dieser neuen Herrschaftsform ist für Hannah Arendt die Verlassenheit (engl. loneliness) des modernen Menschen. Arendt bemüht zur Erklärung ein Lutherzitat, „dass es nicht gut sei für den Menschen, allein zu sein." Luther sagt dort: „Ein solcher (nämlich ein einsamer) Mensch folgert immer eins aus dem anderen und denkt alles zum ärgsten." (EU 1004)[4] Etwas später heißt es dann: „Die »Radikalität« totalitärer Ideologien ist nur der Extremismus des Ärgsten und hat mit echter Radikalität gar nichts zu tun."[5] Im Gegenteil führt diese Art zu denken, alles aufs Ärgste zu denken, immer zu Verschwörungstheorien, dem Salz in der trüben Suppe jeder Ideologie. Ja, es geht auch um individuelle Einsamkeit, die heute ein beliebtes Forschungsprojekt ist, aber mehr noch meint „Verlassenheit" eine neue Form von gesellschaftlicher Einsamkeit, ein von Gott und der Welt Verlassensein in der Moderne. Simone Weil nennt die Entwurzelung, Edith Stein Unbehaustheit.

Neben dem Massenphänomen, sich verlassen, abgehängt, verwundet zu fühlen und der darauf aufsetzenden Bereitschaft

---

[4] Arendt, Hannah (2023): Elemente und Ursprünge totaler Herrschaft. Neuedition, S. 1004, hier und im Folgenden mit der Sigle EU abgekürzt.
[5] Ebenda, S. 1006

sich einer Weltanschauung anzuschließen, die das, was ist, negiert, führt Arendt als das wichtigste Alarmzeichen für die Bedrohung der liberalen Demokratie an, wenn Menschen meinen, der Sinn von Politik sei, sie nicht weiter zu belästigen und dass Politik geräuschlos hinter den Kulissen abzulaufen habe. Das sei fatal, denn wenn Menschen apolitisch werden, werden sie weltlos und werden ebenfalls offen dafür, in Freund- Feind-Schemata zu denken und Hass und Zerstörungsphantasien als Lösung anzunehmen. Hannah Arendt nennt Zeiten, in denen Menschen sich Ruhe von der Politik wünschen, deshalb finstere Zeiten.

Wenn Hannah Arendt Recht hat, ist der Dreiklang von ideologischem Denken, Entpolitisierung und gesellschaftlicher Einsamkeit die Mischung von giftigen Molekülen, die die liberalen Demokratien in ihrer Existenz gefährden.

Der Molekül-Cocktail CO_2 in der Erdatmosphäre, der durch die Verbrennung fossiler Rohstoffe entsteht, muss, will man die Klimakrise stoppen, praktisch auf null Emissionen gesenkt werden. Analog müssten also gesellschaftlich soziale Strukturen entwickelt werden, die Menschen neuen Halt geben, politische Debatten befördern und das Gefühl der Verlassenheit reduzieren.

Hannah Arendts schlägt eine Re-Politisierung vor, die zwei Fliegen mit einer Klappe schlagen soll. Zum einen wird ein neuer sozialer Zusammenhalt Verlassenheit nachhaltig vermindern können, zum anderen liegt ein individueller Gewinn einer Demokratisierung in einem Zuwachs von Selbstgewissheit. Jede/r Bürger/in könnte seine/ ihre eigene Sicht auf die Welt mit den Sichtweisen der anderen abgleichen und die eigene Weltsicht schärfen. Denn nur im miteinander und gegeneinander sprechen gewinnen Menschen eine Sicht auf die

Wirklichkeit und können sich dann auf gemeinsames Handeln verständigen.

Das Miteinander-Reden ist auch der Punkt, der aktuell besonders wichtig wird, denn auch wenn wir aktuell die ideologisch in der medialen Blase der AfD gefangenen Menschen nicht mehr medial erreichen können, müssen wir prioritär die Menschen erreichen, die auf dem Absprung sind oder noch im Stadium des Unpolitisch-Sein verharren. Diese Menschen können aber die etablierten Parteien und politischen Eliten kaum noch erreichen, denn diese Menschen fühlen sich von der traditionellen Politik im Stich gelassen, sie sind, wenn überhaupt, nur noch von Nachbarn, Kollegen und Freunden oder im Sinne Arendts durch die lokale Bürgerschaft erreichbar.

Das Denkprojekt lautet also folgendermaßen: Mal angenommen, Hannah Arendt hätte Recht, was müssten wir dann tun?

Getreu dem Motto: „The proof of the pudding is in the eating.", gilt es also erstmal das Arendtsche Rezept neu zu studieren, um dann ein gutes Gericht zu zaubern. Das wird nicht ganz einfach, denn Hannah Arendt fordert als Antwort auf das, „Was nie hätte geschehen dürfen"[6] einen Bruch mit dem traditionellen (gerade auch philosophischen) Denken über Politik, Macht und Herrschaft und eine Neuformulierung von Freiheit, politischem Handeln und politischer Öffentlichkeit. Hannah Arendt bringt, und das ist ihre Einzigartigkeit, in einmaliger Weise Analyse und persönliche Erfahrungen zusammen. Ihren politischen Scharfsinn, die Courage, auch unangenehme Wahrheiten auszusprechen, und ihre geistesgeschichtliche Expertise verknüpft sie mit ihren Erfahrungen als verfolgte deutsche Jüdin, staatenlose Flüchtende, zionistische Aktivistin und antizionistische Kritikerin, Deutsche

---

[6] Arendts Standardformulierung für einen Zivilisationsbruch

und Amerikanerin, und nicht zuletzt als jemand, der Freundschaft nicht nur proklamierte, sondern lebte. Ihr Verleger William Jovanovich drückte das sehr bewegend auf ihrer Trauerfeier so aus: „Durch Hannah schäme ich mich weniger, ein Mensch zu sein. Das ist ihr Geschenk."[7]

Will man Arendt verstehen, dann muss man sich immer die Ausgangsbasis ihres Denkens vor Augen führen – ihre politische Analyse der „totalen Herrschaft" wie sie sich im Nationalsozialismus und im Stalinismus gezeigt hat. Daraus ergibt sich die Anforderung an Politik oder Wissenschaft, ob sie nach dem furchtbaren Zivilisationsbruch des millionenfachen Mordens eine Antwort hat auf die Frage: **„Wird es zu totalitärer Herrschaft führen oder nicht?"**[8].

Daraus ist ein Text entstanden, der drei Teile hat. Den roten Faden bildet Hannah Arendts Grundannahme, dass „Verlassenheit" oder gesellschaftliche Einsamkeit wie ich dieses Phänomen nennen würde, als Abfallprodukt der Moderne ein notwendiges Element für die totalitäre Zerstörung jeder Spontaneität, Individualität und Freiheit ist. Ihre Analyse totaler Herrschaft ist daher die Basis für die Erforschung von Gegenstrategien zu totalitären Mustern. Im zweiten Teil wird die Gegenstrategie Hannah Arendts gegen vortotalitäre Strukturen vorgestellt. Ihre Revitalisierung des Politischen schließt auch ein, das Problem nicht nur der Verlassenheit, sondern auch der unpolitischen Weltlosigkeit, durch ein aktives In-der-Welt-

---

[7] William Javanovich auf der Trauerfeier für Hannah Arendt, zitiert nach Thomas Meyer (2023), S.477

[8] zit. nach Young Brühl (2006), S. 39 „An insight into the nature of totalitarian rule, directed by our fear of the concentration camp, might serve to devaluate all outmoded political shadings from left to right, and, beside and above them, to introduce the most essential political criterion for judging the events of our time: will it lead to totalitarian rule or will it not."

zuhause-Sein zu ersetzen. Im dritten Teil habe ich meine Ideen für eine neue politische Kultur formuliert.

Madame de Pompadur hat, als sie die Nachricht von der Niederlage der französischen Armee gegen Preußen auf einer Party erfuhr, das Motto „Nach uns die Sintflut" ausgegeben. Diese „Sintflut" ging dann auch über das französische Königshaus 30 Jahre später nieder.

Ich hoffe jedoch, wenn wir die richtigen Schlussfolgerungen ziehen, bleibt es heute vielleicht bei einer kleinen Überschwemmung, einem vollgelaufenen Keller. Das ist aber nur gewiß, wenn wir endlich aufwachen.

Der Blick in die Zukunft kann nur dann erfolgreich sein, wenn die Vergangenheit immer auch präsent bleibt. Und da spielt die offensichtlich nicht mehr erfolgreiche Tabuisierung, auf keinen Fall Faschisten zu wählen, eine wichtige Rolle. Die Europawahlen hatten in Deutschland ein signifikantes Ergebnis in Bezug auf AfD-Stimmanteile in Altersgruppen. Der AfD-Anteil bei den 16- bis 69-Jährigen schwankt zwischen 16 bis 21 Prozent. Dass es bei 16 % blieb, ist der Altersgruppe der über 70-Jährigen zu verdanken. Hier kommt die AfD nur auf 8 Prozent. Offensichtlich ist die Generation derjenigen, deren Eltern noch in das Nazi-Regime verstrickt waren, gegen die Versuchung einer Wiederholung resilienter. Das ist auch das Ergebnis eines Generationswechsels, heute ist die Generation der gegen ihre Nazi-Eltern rebellierenden Töchter und Söhne alt.

Zum Schluss will ich noch darauf hinweisen, dass Hannah Arendt auch für heutige Ohren eine faszinierende Sprachkunst hat. Ich kann nur empfehlen, sich das Gaus-Interview mit ihr auf Youtube anzuschauen. Den besonderen Sound Hannah Arendts habe ich im Materialienteil in zwei Texten, die sprachlich und inhaltlich die besondere Art Hannah Arendts redend zu schreiben, nachvollziehbar gemacht.

Diesen Sound der Freiheit meint auch Kurt Sontheimer, der in seiner Biografie über Hannah Arendt euphorisch feststellt:

Ihre Ideen sind „einem Leuchtturm vergleichbar, der Signale für das richtige politische Handeln aussendet: die Erinnerung daran, dass politisches Handeln Freiheit ist und Freiheit schafft, dass es unterschiedliche Menschen in einem öffentlichen Raum zusammenführt, wo sie zweckfrei und interessenunabhängig nach dem Gemeinwohl streben und spontan, dem Neuen gegenüber offen, agieren können."[9]

---

[9] Sontheimer (2005), S. 256

Die Entwurzelung ist bei weitem die gefährlichste Krankheit der menschlichen Gesellschaft. Wer entwurzelt ist, entwurzelt. Wer verwurzelt ist, entwurzelt nicht. Die Verwurzelung ist vielleicht das wichtigste und meistverkannte Bedürfnis der menschlichen Seele.

Simone Weil

I. Verlassenheit und Hass

Schon sechs Jahre nach dem Zusammenbruch der Nazi-Herrschaft legt Hannah Arendt 1951 ihr grundlegendes Werk „The Origins of Totalitarianism" in ihrer neuen Heimat USA vor. Der erste Titelvorschlag zu diesem großen Werk lautete: **„The three pillars of hate. Antisemitism – Imperialism – Racism"**.

Heute hat man manchmal den Eindruck, dass Hass erst mit den neuen sozialen Medien zu einem Problem geworden ist. Das ist hinsichtlich der Möglichkeit, durch die Anonymität des Internets, die Gebote der Höflichkeit zu unterlaufen, sicher richtig. Es gilt aber nicht für den Hass, der schon immer die emotionale Seite jeder Ideologie war und ist. Der Titel „Die drei Säulen des Hasses" konnte sich nicht durchsetzen, in den Mittelpunkt rückte die Analyse des „Totalitarianism" und der neue Titel lautete deshalb: **„The Origins of Totalitarianism"**.[10] In ihrer deutschen Übersetzung von 1955 heißt es dann: **„Elemente und Ursprünge totaler Herrschaft"**, im Untertitel **„Antisemitismus, Imperialismus, totale Herrschaft"**. Die Kategorie der „Verlassenheit" fand keinen Eingang in den Titel.

---

[10] Siehe Meyer, Thomas (2023), S. 256

Das ist vielleicht auch der Grund, dass „Verlassenheit" in der Rezeption keine große Rolle spielte. Dabei müsste dem Phänomen der Verlassenheit gerade in präfaschistischen Zeiten eine große Aufmerksamkeit zukommen, denn totale Kontrolle braucht die Vereinzelung der zu beherrschenden Menschen als notwendige Bedingung. Hass ist ebenso wie Verlassenheit eine schwer zu definierende Kategorie. Heinrich Mann hat wahrscheinlich Recht, wenn er schreibt: „Aber der Hass ist eine Tatsache durch sich selbst: eine Volksmenge braucht nicht zu wissen, warum sie hasst. Übrigens hasst sie mit Gleichgültigkeit"[11] Hass braucht keine Inhalte. Und Hass hat häufig mit Einsamkeit, Verlassenheit, zu tun. Dazu eine kleine Anekdote von Karoline Preissler, einer mutigen deutschen Jüdin, die auf antisemitische Kundgebungen geht, um dort in eine Diskussion zu kommen, bzw. Haltung zu zeigen. Sie schreibt auf X: „Irgendein Udo steht immer bei antisemitischen Protesten in Berlin. Ich erkenne ihn an seiner dicken Brille, dem schütternden Haar und seinem greisen Style. Er drückt sich dann bei den Islamisten und mir herum, ruft aus sicherer Entfernung „Karo! Kaaaaro? Wie geht es deinem Mann?" Ich ignoriere ihn, er ist mir peinlich. Gestern lief ich nach der (pro-palästinensischen Demo am 12.6.) #b1206 noch einmal über den Potsdamer Platz. Der Mann stand dort – nach Beendigung der Versammlung – noch immer mit wenigen Männern. Planlos. Da erkannte ich: Er ist einsam. Für ihn sind Antisemitismus und Sexismus die Ablenkung im Alter. Er tut mir leid."[12]

---

[11] Mann, Heinrich (1988): Ein Zeitalter wird besichtigt. S.375
[12] Preissler, Karoline (2024) https://twitter.com/PreislerKa/status/1801117014989127884

1. Loneliness[13] (Verlassenheit)

Hannah Arendt ist der Überzeugung, dass menschliches Handeln immer auf Grunderfahrungen des Menschen fußt. Jede Möglichkeit zum Handeln, zu einer gemeinsamen Aktion soll im „Ein Volk! - Ein Führer!"- Regime verhindert werden. Das geht nicht von heute auf morgen. Historisch herrscht in der Anfangsphase oder der Aufstiegsphase totaler Herrschaft in der Regel eine Einparteiendiktatur, deren Hauptanliegen es ist, die Menschen voneinander, Arendt schreibt gegeneinander, politisch zu isolieren, um sie besser beherrschen zu können. Ziel der totalen Herrschaft ist totale Kontrolle. Dazu müssen Menschen von ihrer Verschiedenheit „gesäubert" werden und zu einer homogenen Einheit, zu einer Totalität, zusammengezwungen werden. „This isolation is, as it were, pretotalitarian; its hallmark is impotence insofar as power always comes from men acting together, acting in concert" (Burke); isolated men are powerless by definition."[14] [15]

In einer Diktatur verlieren Menschen aus Furcht ihre politischen Handlungsmöglichkeiten, dazu reicht es, dass ihre Kontakte abgebrochen werden. Aber nicht alle Kontakte werden in der Diktatur abgebrochen, sondern nur die politischen. Es bleibt noch eine Privatsphäre mit der Fähigkeit zum „Erleben,

---

[13] Ich benutze in den Überschriften die amerikanischen Begriffe für Verlassenheit und die vier Säulen des Hasses, weil die deutschen Übersetzungen eine andere (falsche?) Gewichtung haben können. (Siehe dazu die Kapitel „Begriffserklärungen" und „Der Begriff „totale Herrschaft" weiter unten)

[14] „Diese Isolation ist sozusagen prätotalitär; ihr Kennzeichen ist die Ohnmacht, da die Macht immer von gemeinsam handelnden Menschen ausgeht, die "gemeinsam handeln" (Burke); isolierte Menschen sind per definitionem machtlos."

[15] Hannah Arendt: The Origins of Totalitarianism, 1958, New York, S.474

Erfinden und Denken" (the capacities for experience, fabrication and thought) intakt. Die totale Herrschaft will aber mehr, sie will alle Menschen in ihrem Einflussbereich zu Menschen machen, die verlassen sind, denn das ist die Voraussetzung, um sie total beherrschen zu können. Erst in der Verlassenheit sind Menschen wirklich allein, nämlich verlassen nicht nur von anderen Menschen und der Welt (Politik), sondern auch von dem Selbst, der eigenen Identität, die von anderen nicht mehr bestätigt wird. In dieser Verlassenheit gehen Selbst und Welt, und das heißt echte Denkfähigkeit und echte Erfahrungsfähigkeit, zugleich zugrunde.

Die Verlassenheit ist nicht ein von den Totalitären erfundenes Phänomen, sondern „ist eng mit der Entwurzelung und der Überflüssigkeit verbunden, die seit Beginn der industriellen Revolution der Fluch der modernen Massen sind und sich mit dem Aufstieg des Imperialismus am Ende des letzten Jahrhunderts und dem Zusammenbruch der politischen Institutionen und sozialen Traditionen in unserer Zeit verschärft haben."[16] Entwurzelt zu sein ist dabei die Erfahrung, wenn man keinen Platz mehr in der Welt hat, der von anderen anerkannt wird. Überflüssig zu sein bedeutet, überhaupt nicht zur Welt zu gehören, nicht zu existieren. Das können Erfahrungen der Erwerbslosigkeit, Arbeitslosigkeit oder von Staatenlosigkeit und Flucht sein oder deren Antizipation.

Verlassenheit bedeutet dabei nicht nur den Verlust der materiellen Absicherung, sondern den Verlust der Erfahrung, diese materielle und sinnliche Welt mit anderen Menschen zu teilen,

---

[16] Origins, S. 475: „ (…) is closely connected with uprootedness and superfluousness which have been the curse of modern masses since the beginning of the industrial revolution and have become acute with the rise of imperialism at the end of the last century and the break-down of political institutions and social traditions in our own time. "

denn dazu muss man mit anderen Menschen in Kontakt sein, also nicht verlassen zu sein. Verlassenheit ist daher eher eine gesellschaftliche Einsamkeit als ein individuelles Schicksal. „Das Einzige, was in der Verlassenheit als scheinbar unantastbar sicher verbleibt, sind die Elementargesetze des zwingend Evidenten, die Tautologie des Satzes: zweimal zwei ist vier. Damit erfährt das zwingend Einsehbare für den Verlassenen eine eigentümliche Gewichtsverschiebung: es ist nicht mehr die selbstverständliche Regelung menschlichen Denkens, ein Mittel des Verstandes, um Widersprüche zu vermeiden; sondern es wird aus sich heraus gleichsam produktiv, beginnt Denkreihen zu entfalten, Prozesse zu entwickeln, »folgert eins aus dem anderen und denkt alles zum ärgsten«. (EU 1006)

Verlassenheit, die nicht existente Beziehung zur Welt und zur Politik, ist nach Arendts Überzeugung ein wesentlicher Baustein für die Faszination totalitärer Ideologie. Aber nicht nur für die Homogenisierung des Denkens in Schablonen, sondern auch für die Organisation der Gesellschaft selbst.

Die totale Herrschaft hat das Ziel, alle Menschen zu einer undifferenzierten Einheit (Volksgemeinschaft) zu formen. Das kann nur gelingen, wenn das Defizit einer Diktatur, privat noch handlungsfähig zu sein, also „the capacities for experience, fabrication and thought" zu haben, zerstört wird. Da das jedoch Grundfertigkeiten des Menschen sind, die seine Entwicklung wesentlich befördert haben, braucht es den Zwang von Ideologie und Terror, der den Menschen verspricht, ihnen Halt zu geben, sie aber tatsächlich in ihrem Menschsein zerstört. Das eiserne Band des Terrors wirkt wie ein Schraubstock, so eingezwängt wird jeder Raum zwischen den Menschen zerstört und die Menschen gegeneinandergepresst und alle produktiven Möglichkeiten, die es im Stadium der Isolation noch gab, vernichtet.

Die totale Herrschaft ist die Herrschaft einer Ideologie, die das Denken beherrscht und den „Verlassenen" durch den Glauben an die alles erklärende Ideologie einen Halt verspricht. Es kommt also zweierlei zusammen: die Sehnsucht nach einer Welt- und Geschichtserklärung (2+2=4), die Halt gibt, und eine Verlassenheit, die diesen Halt benötigt. „Die tödlichen Konsequenzen, die sich aus den Ideologien ergeben, können nur von Verlassenen, denen, die ihre Freunde und die, die sie lieben, bereits verlassen haben, exekutiert werden."[17]

Will man aktiv etwas gegen totalitäre Tendenzen tun, dann muss man auch das Problem der Verlassenheit ins Zentrum der Gegenstrategien rücken.[18]

Begriffsklärungen

Hannah Arendt benutzt für das Wortfeld „Verlassenheit" im englischen Original die Begriffe: „isolation" und „loneliness", im Deutschen neben „isoliert sein", „Verlassenheit" und „Entwurzelung".
Mit Isolation bezeichnet sie den Zustand, in der politischen Sphäre nicht mehr handlungsfähig zu sein, weil es verunmöglicht wird, sich zusammenzuschließen, das ist auch die Erfahrung in einer Diktatur.

In der totalen Herrschaft kommt zu dieser politischen Isolierung eine in der privaten Sphäre dazu. Arendt wählt dafür im Englischen das Wort „loneliness", im Deutschen „Verlassenheit". Man fragt sich, warum diese unterschiedliche Wortwahl? Die meistens verwendete deutsche Übersetzung von

---

17 ebenda

18 Im Materialien-Teil findet sich ein längeres Zitat aus „Elemente und Ursprünge totaler Herrschaft", der das Problem „Verlassenheit" anschaulich bebildert.

„loneliness" ist „Einsamkeit". Das deutsche Wort „Einsamkeit" entspricht aber eher dem englischen „solitude", das sich direkt aus dem lateinischen Original „solitudo" erschließt.

Das deutsche Wort „Einsamkeit" ist ein Lehnwort des lateinischen „solitudo", eine wortwörtliche Übertragung in „Einsamkeit". Verlassenheit ist aber nicht zu verwechseln mit Alleinsein (solitudo) oder individueller Einsamkeit. Das erläutert Arendt am römischen Philosophen Epiktet: „Nach Epiktet (Dissertationes, Buch 3, Kap. 13) ist der einsame Mensch (eremos) von anderen umgeben, mit denen er keinen Kontakt aufnehmen kann oder deren Feindseligkeit er ausgesetzt ist. Der alleinseiende (solitary) Mensch hingegen ist allein und kann daher "mit sich selbst zusammen sein", denn der Mensch hat die Fähigkeit, "mit sich selbst zu reden". (…) Was (dagegen) die Einsamkeit/ Verlassenheit so unerträglich macht, ist der Verlust des eigenen Ichs, das sich in dem Alleinsein zwar verwirklichen kann, aber nur durch die vertrauensvolle Begleitung von seinesgleichen in seiner Identität bestätigt wird. In dieser Situation verliert der Mensch das Vertrauen in sich selbst als Partner seiner Gedanken und jenes Urvertrauen in die Welt, das notwendig ist, um überhaupt Erfahrungen zu machen. Selbst und Welt, Denk- und Erlebnisfähigkeit gehen gleichzeitig verloren." [19]

---

[19] Origins S. 476/477: As Epictetus sees it (Dissertationes, Book 3, ch. 13) the lonely man (eremos) finds himself surrounded by others with whom he cannot establish contact or to whose hostility he is exposed. The solitary man, on the contrary, is alone and therefore "can be together wth himself" since men have the capacity of "talking with themselves." In solitude, in other words, I am "by myself," together with my self, and therefore two-in-one, whereas in loneliness I am actually one, deserted by all others. All thinking, strictly speaking, is done in solitude and is a dialogue between me and myself; but this dialogue of the two-in-onc does not lose contact with the world of my fellow-men because they are represented in the self with whom I lead the dialogue of thought. (…) What makes loneliness so unbearablc is the loss of one's

Der Mensch ist ein soziales Wesen, welches ohne einen gesellschaftlichen Status oder Wurzel oder Behausung sich ausgeschlossen und verlassen fühlt. Der Mensch fühlt sich allein gelassen, weiß aber instinktiv, dass er allein weder handeln noch leben kann. Im Deutschen kann man „loneliness" auch wortwörtlich mit Alleingelassensein (intransitiv) übersetzen, das entsprechende Synonym dazu ist Verlassenheit. Soziologisch könnte man von einem beschädigten System des gesellschaftlichen Zusammenlebens reden, das sich in einer gesellschaftlichen Einsamkeit als Problem der Moderne manifestiert.

Einsamkeit wird in der Psychologie als eine wahrgenommene Distanz zwischen den gewünschten und den tatsächlichen sozialen Beziehungen definiert. Verlassenheit ist dagegen ein Begriff, der sich gut in die existentialistische Auffassung einfügt, dass der moderne Mensch Schwierigkeiten hat, seinen Ort in der Welt zu finden, der Mensch der modernen Massengesellschaft wurzellos geworden sei. Verlassenheit entsteht, wenn, aus gleich welchen personalen Gründen, ein Mensch aus dieser Welt hinausgestoßen wird oder wenn aus gleich welchen geschichtlich-politischen Gründen, diese gemeinsam bewohnte Welt auseinanderbricht und die miteinander verbundenen Menschen plötzlich auf sich selbst zurückwirft. Mensch fühlt sich verlassen von Gott und der Welt (Regierung, Staat etc.) und verhält sich, als sei man von allen guten Geistern verlassen.

Allen gemeinsam ist, man sieht sich in der Opferrolle. In der oben zitierten norwegischen Studie verwenden die

---

own self which can be realized in solitude, but confirmed in its identity only by the trusting and trustworthy company of my equals. In this situation, man loses trust in himself as the partner of his thoughts and that elementary confidence in the world which is necessary to make experiences at all. Self and world, capacity for thought and experience are lost at the same time.

Autor*innen den Begriff „soziale Entfremdung", um den größeren Zusammenhang, in dem Einsamkeit steht, begrifflich zu fassen. „Verlassenheit" meint also ein Wortfeld, welches verschiedene Konnotationen hat: einsam sein, verlassen sein, abgehängt sein, verwundet sein, allein gelassen sein, sich als Opfer von Mächten zu sehen. Letztlich wird die Verantwortung für das eigene Leben und das eigene soziale Umfeld abgelehnt und mehr oder weniger anonymen Mächten zugeschoben.

Entfremdung und Resonanzverlust

Interessant in diesem Zusammenhang ist die Deutung der Erfolge des Rechtspopulismus durch Hartmut Rosa. Er deutet sie als eine Reaktion auf das Gefühl eines Resonanzverlusts, auf eine Entfremdungserfahrung. Diese Gruppen fühlen sich nicht gehört und nicht repräsentiert. Er beschreibt das in einem SZ-Interview so: „Die Wahrnehmung vieler Leute, die ich nicht teile, aber eben beobachte, ist: Eigentlich ist unser Alltag noch ganz intakt, wir hatten schon viele Veränderungen, wir sind erschöpft, das ist problematisch, aber eigentlich ist unser Dörfchen okay - und dann kommt der Staat und setzt uns ein Flüchtlingsheim hin. Das wird persönlich genommen. Und dann will die Regierung an die Heizung ran. Es reicht ihr also offenbar nicht, dass sie ins Dorf eindringt, sie will in mein Haus. Und mit der Impfung dringt sie sogar bis in meinen Körper vor. Und mein Denken will sie auch noch beeinflussen, ich darf das N-Wort nicht mehr sagen, ich muss gendern." [20]

Diese unterschiedlichen Wahrnehmungen von Wirklichkeit, da ist Hartmut Rosa nahe an Hannah Arendt, haben ihre Ursache in einer unterschiedlichen „Beziehung zur Welt und zur Politik": „Ich glaube, die Spaltung liegt, wenn man so will, nicht auf der Einstellungsebene, ob man für oder gegen

---

[20] Rabe (2024): Mau und Rosa im Interview (SZ)

Umweltschutz ist. Sie liegt in dem Gefühl, die staatlichen Autoritäten seien viel zu aktiv, sie bedrohen meine Welt. Auf der anderen Seite dominiert das gegenteilige Gefühl, der Staat tue viel zu wenig, unser Alltag ist zutiefst umweltzerstörerisch, er ist homophob, er beruht noch immer auf kolonialer Ausbeutung. Die Spaltung liegt für mich also noch unterhalb der Weltbilder, es geht eher darum, welche Beziehung zur Welt und zur Politik man fühlt." (ebenda)

2. Totalitarianism (Totale Herrschaft)

Über totale Herrschaft müssen wir aus zwei Gründen immer noch und immer wieder reden. Zum einen gilt es, Politik immer nach dem oben schon zitierten Grundsatz **„Wird es zu totalitärer Herrschaft führen oder nicht?** zu beurteilen. Zum anderen gilt im Post-Nazi-Deutschland eine Bewährungsauflage meiner Meinung nach ohne zeitliche Begrenzung, denn dies war ein Zivilisationsbruch ohne Beispiel.

Der Zivilisationsbruch

Ein Zivilisationsbruch mischt die Erfahrungen der Vergangenheit wie Spielkarten neu. Die alten Erklärungen sind nicht weg, aber gelten nicht mehr, man muss die „Karten" neu interpretieren. Für Arendt ist klar, dass nach dem Zivilisationsbruch des millionenfachen Mordens die Politik und auch die Philosophie komplett gescheitert sind und keinerlei Autorität mehr haben. „In weniger als sechs Jahren zerstörte Deutschland das moralische Gefüge der westlichen Welt, und zwar durch Verbrechen, die niemand für möglich gehalten hätte (…)" [21], schreibt Hannah Arendt in ihrem Reisebericht über einen Deutschlandbesuch von 1950. Deutschland war „physisch, moralisch und politisch ruiniert". In „Elemente und Ursprünge totaler Herrschaft" formuliert sie es noch krasser: „Als das Unmögliche möglich wurde, stellte sich heraus, dass es identisch ist mit dem unbestrafbaren, unverzeihlichen radikal Bösen, das man weder verstehen noch erklären kann durch die bösen Motive von Eigennutz, Habgier, Neid, Machtgier, Ressentiment, Feigheit oder was es sonst noch geben mag und demgegenüber

---

[21] Besuch in Deutschland 1950. Die Nachwirkungen des Naziregimes.S.43 In: Arendt, Hannah: Zur Zeit.

daher alle menschlichen Reaktionen gleich machtlos sind; dies konnte kein Zorn rächen, keine Liebe ertragen, keine Freundschaft verzeihen, kein Gesetz bestrafen. So wie die Opfer in den Fabriken zur Herstellung von Leichen und den Höhlen des Vergessens nicht mehr »Menschen« sind in den Augen ihrer Peiniger, so sind diese neuesten Verbrecher selbst jenseits dessen, womit jeder von uns bereit sein muß, sich im Bewusstsein der Sündhaftigkeit des Menschen zu solidarisieren." (EU 964) Das zeigt sich auch an dem mangelnden Vermögen der Deutschen, sich mit dieser grauenhaften Zeit und der eigenen Verstrickung in diese Verbrechen auseinander setzen zu können. Arendt schreibt: „Doch nirgends wird dieser Albtraum von Zerstörung und Schrecken weniger verspürt und nirgendwo wird weniger darüber gesprochen als in Deutschland." (EU 964) Das geschah aus Feigheit oder Verdrängung, aber war auch das Ergebnis der totalen Herrschaft selbst.

Der Begriff „totale Herrschaft"

Es herrscht eine gewisse Konfusion über die Begrifflichkeiten „Totalitarismus", „totale Herrschaft" oder auch „totalitäre Herrschaft". Meistens wird in der Literatur der Begriff „Totalitarismus" benutzt, obwohl Hannah Arendt in ihrer deutschen Fassung von 1955 mit Absicht den Begriff „totale Herrschaft" benutzt. Sie schreibt an ihren Lektor Hans Riepl am 31. Juli 1954: „Ich möchte vor allem das Wort „Totalitarismus" vermeiden.[22] Es ist schon nicht schön im Englischen, im Deutschen

---

[22] Seltsam, dass Thomas Meyer in seiner Neuedition der „Elemente und Ursprünge totaler Herrschaft" die Unterzeile „Antisemitismus, Imperialismus, Totalitarismus" statt wie in der Fassung von 1955 „Antisemitismus, Imperialismus und totale Herrschaft" nennt.

aber schlechthin abscheulich."[23] Im Deutschen bezeichnet die Endung „-ismus" ein ideologisch geschlossenes System als Steigerungsform eines Weltbilds oder einer Religion. Eine Steigerungsform von „total" ist aber Unsinn.

In der Politikwissenschaft wird der Begriff „Totalitarismus" gern auch so allgemein benutzt, um damit alle möglichen Formen von Autokratie einsortieren zu können. Das hat viel damit zu tun, dass das Wording „Totalitarismus" im Kalten Krieg zu einem Kampfbegriff wurde, der das Gegenteil von „demokratisch-westlich" markieren sollte. Für Arendt sind nur Nazi-Deutschland ab 1938 und die Sowjetunion unter Stalin Staaten mit totaler Herrschaft, weder das Italien Mussolinis noch die Sowjetunion unter Chruschtschow oder die DDR unter Ulbricht zählt sie dazu. Ich werde mich an die Begrifflichkeit Arendts halten.

Was ist neu an totaler Herrschaft?

Für Arendt sind „Gaskammern und Seifenfabrik" keine Kollateralschäden eines durchgeknallten Diktators oder Folge eines gestörten Nationalcharakters, sondern der Terror ist das eigentliche Wesen dieses völlig neuen Herrschaftssystems.[24]

Arendt identifiziert im Imperialismus, Rassismus und Antisemitismus für totalitäre Politik entscheidende Ursprünge, die

---

[23] Hannah Arendt Archiv Oldenburg, Europäische Verlagsanstalt, 26.3., zitiert nach Julia Schulze Wessel: Totale Herrschaft und Totalitarismus. Hannah Arendt und Carl Joachim Friedrich, in Frank Schale, Ellen Thümmler (Hrsg.): Den totalen Staat denken, Baden-Baden (Nomos), 2015, S. 51

[24] Dieser Aspekt kommt nicht nur in der Geschichtswissenschaft zu kurz, sondern auch in der Arendt-Forschung. Selbst in der sonst teilweise sehr erhellenden Biografie von Thomas Meyer wird dieser eigentliche Skandal des „Totalitarianism"-Buches nicht gesehen.

auch heute noch wirkmächtig sind. Totale Herrschaft konnte sich aber nur herausbilden, weil die dafür nötige Verlassenheit/ gesellschaftliche Einsamkeit erst im 20. Jahrhundert zu einem Massenphänomen wurde. Totale Herrschaft ist zwar einerseits nur durch die sich entwickelte moderne Massengesellschaft erklärbar, sie ist allerdings gleichzeitig auch eine Abkehr von dem in einer marktwirtschaftlichen Ökonomie üblichen utilitaristischen Denkens in Form von Kosten-Nutzen-Rechnungen.[25] Das wird schon daran deutlich, dass die Konzentrations- und Vernichtungslager mit all ihrem Aufwand, wenn man sie utilitaristisch betrachtet, logistisch wie vom personellen Einsatz her eine sinnlose Vergeudung von staatlichen Ressourcen darstellen; erst recht mitten in einem Weltkrieg.

Im Interview mit Günter Gaus[26] erläutert Arendt diesen Aspekt: „Und erst haben wir es nicht geglaubt. Obwohl mein Mann und ich eigentlich immer sagten, wir trauen der Bande alles zu. Dies aber haben wir nicht geglaubt, auch weil es ja gegen alle militärischen Notwendigkeiten und Bedürfnisse war. Mein Mann ist ehemaliger Militärhistoriker, er versteht etwas von den Dingen. Er hat gesagt, lass dir keine Geschichten einreden: das können sie nicht mehr! Und dann haben wir es ein halbes Jahr später doch geglaubt, weil es uns bewiesen wurde. Das ist der eigentliche Schock gewesen. Vorher hat man sich gesagt, nun ja, man hat halt Feinde. Das ist doch ganz natürlich. Warum soll ein Volk keine Feinde haben? Aber das ist anders gewesen. Das war wirklich, als ob sich ein Abgrund öffnete. Weil man die Vorstellung gehabt hat, alles andere hätte

---

[25] Das mag auch ein Grund dafür gewesen sein, dass im Westen niemand die imperialistischen Absichten der Russischen Föderation unter Putin ernst genommen hatte oder das nicht begriffen wird, dass es in China ein Primat der Politik, ganz im leninistischen Sinne, gibt und die Ökonomie Mittel zum Zweck und kein Selbstzweck ist.

[26] Arendt, Hannah: Ich will verstehen. Gespräch mit Günter Gaus vom 28.10.1964, S.46ff

irgendwie noch einmal wiedergutgemacht werden können, wie in der Politik ja alles irgendwie einmal wiedergutgemacht werden kann. Dies nicht. Das hätte nie geschehen dürfen."[27]

Die neue Kategorie „totale Herrschaft" ist zentriert um fünf Elemente: den Terror der Konzentrations- und Vernichtungslager, die Endzeit-Ideologie, die permanente Bewegung der Massen, die Zerstörung der Person und die Grunderfahrung der Verlassenheit als Voraussetzung für die Homogenität des neuen Masse-Körpers.

Das eiserne Band des Terrors

Eine Massengesellschaft, das neue gesellschaftliche Modell der ersten Hälfte des 20. Jahrhunderts, welche die in konkreten Nationalstaaten herrschende Gliederung in Klassen und damit politischen Interessengruppen abgelöst hatte, besteht aus atomisierten, isolierten Individuen, die keine soziale Klassenbindung mehr haben. Verlassenheit ist ein neues Massenphänomen. Und wenn die Isolierung und Atomisierung ausreichend sind, werden sie politisches Programm.

In einer Tyrannis herrscht Willkür, Gesetze gelten nichts. In der totalen Herrschaft gilt dagegen nur ein (!) Gesetz, das der Logik der Ideologie, die das Ziel einer Bereinigung durch Terror anstrebt, zum Beispiel Juden töten oder Klassenfeinde umbringen. Terror wird so in der totalen Herrschaft das, was Furcht, Ehre und Tugend in anderen Herrschaftsformen sind, eine Grundstruktur des Handelns. Im Alltag als Blockwartsystem von Reinheit und Einordnung und im Lagersystem als Laboratorium für eine totale Beherrschung durch Massenmorde.

---

[27] Arendt, Hannah: Ich will verstehen. Gespräch mit Günter Gaus, S 61

„Mit einer verblüffenden Genauigkeit könnte man Konzentrationslager in Typen einteilen, welche den drei wesentlichen abendländischen Vorstellungen von einem Leben nach dem Tode im Hades, im Fegefeuer und in der Hölle entsprechen. Dem Hades würden jene verhältnismäßig milden Formen des vernachlässigenden Aus-dem-Wege-Räumens entsprechen, die für unerwünschte Elemente aller Arten – Flüchtlinge, Staatenlose, Asoziale, Arbeitslose – auch in nichttotalitären Staaten in Mode zu kommen drohten; sie haben als DP-Camps, das heißt wieder als Lager für lästig und überflüssig gewordene Menschen, den Krieg überdauert. Das Fegefeuer stellt sich in jenen vorgeblichen Arbeitslagern der Sowjetunion dar, in denen sich Vernachlässigung mit chaotischem Arbeitszwang vereint. Die Hölle schließlich im wortwörtlichsten Verstande bilden jene nur von den Nazis bis zur Vollendung ausgebildeten Typen, in welchen das gesamte Leben nach dem Gesichtspunkt der größtmöglichen Quälerei systematisch durchorganisiert war. Allen drei Typen ist gemeinsam, dass die in sie verschlagenen Menschen so behandelt werden, als ob sie nicht mehr existierten, als ob das, was mit ihnen geschehe, nicht mehr und für niemanden zähle, als seien sie bereits gestorben und als amüsiere sich nun, bevor sie zur ewigen Ruhe zugelassen werden, noch irgendein verrückt gewordener böser Geist damit, sie zwischen Leben und Tod eben ein wenig aufzuhalten. Es ist nicht so sehr der Stacheldraht wie die fabrizierte und kunstvoll hergestellte Unwirklichkeit derer, die er einzäunt, welche zu so ungeheuerlichen Grausamkeiten provoziert und die Vernichtung schließlich als eine durchaus normale Maßnahme erscheinen läßt." (EU 941)

Es gibt keine Kausalkette, zuerst der Terror dann die Gefolgschaft, Loyalität oder der Gehorsam, sondern es sind zwei Seiten derselben Medaille, zusammengehalten durch die Ideologie. Nun lässt sich leicht erklären, dass eine Diktatur ohne das Prinzip Furcht keine Diktatur wäre oder, dass in den neuen

Republiken, ob in Amerika oder Frankreich, Politik mit dem Willen (der Tugend), sich für das Gemeinwesen einzusetzen, gemacht wurde. Totale Herrschaft aber ist neu und nicht so leicht verständlich. Deshalb hier in aller Ausführlichkeit und Redundanz: In der totalen Herrschaft werden die von allen guten Geistern verlassenen Individuen von jeder normativen Haltung „befreit", verlassen von Anstand und Tugend. Sie werden Teil eines Menschenstroms[28], der alles mitreißt, was sich ihm in den Weg stellen könnte. Als Teil dieses Stroms wird das verlassene Subjekt in einen Rausch der Beschleunigung gerissen und wie ein Wassertropfen im Fluss zu einer Einheit zusammengepresst. Die Gewalt dieses Stroms entspricht der Gewalt des Terrors, der das Ziel haben muss, alles zu vernichten, was ihn hemmen könnte. Dazu dient nach innen die Ideologie, die Rechtfertigung zum Handeln wie zum Nicht-Denken gleichzeitig ist. Das Produkt der normativen Enthemmung ist eine gedankenlose, nicht denkende Gefolgschaft, die jederzeit bereit ist, auch zu töten. Alles wird nur noch durch die Brille eines Freund-Feind-Schemas betrachtet. Terror als Zerstörung von „Feinden" ist die höchste Steigerungsform dieser Polarisierung. Und die Labore für dieses nihilistische Prinzip der Zerstörung von Menschen und Menschlichkeit sind die Konzentrations- und Vernichtungslager oder heute im Kleinen die Gewalt-Exzesse von IS oder Hamas.

In den Worten Arendts: „Totale Herrschaft entdeckte das Mittel, die Menschen in einen Geschichtsstrom so einzufügen, dass er dies automatische Strömen gar nicht mehr hemmen will, sondern im Gegenteil sich selbst zu einem Moment seiner Beschleunigung macht. Die Mittel, mit denen das geschieht, sind der von außen losgelassenem Zwang des Terrors und der von

---

[28] Siehe unten die Studien zu Heuschreckenschwärmen;

innen losgelassenem Zwang ideologisch-stimmigen Denkens."[29]

In der Regel (in den historischen Beispielen Nazi-Herrschaft und Stalinismus) ging der Terrorherrschaft eine „normale" Gewaltherrschaft voraus. „Terror und Gewalt sind nicht dasselbe. „Die Terrorherrschaft löst die Gewaltherrschaft ab, und zwar in den, wie wir wissen, nicht wenigen Fällen, in denen Gewalt nach Vernichtung aller Gegner nicht abdankt, sondern im Gegenteil die zentrale Kontrolle über den Staatsapparat ergreift. Die Gewaltherrschaft bezweckt und erreicht die Entmachtung der Gesellschaft, bis sie einer organisierten Opposition nicht mehr fähig ist, und dies ist der Augenblick, wo der eigentliche Terror entfesselt werden kann. Die Tyrannis erzeugt die Ohnmacht, welche dann totale Herrschaft ermöglicht. Der Terror konserviert und intensiviert die Entmachtung durch die Atomisierung der Gesellschaft – ein empörend akademisch-blasses Wort für einen grauenhaften Tatbestand -, die im Wesentlichen durch die Allgegenwart des Denunzierens erreicht wird und unverhüllt totalitär, offen und unverhüllt verbrecherisch wurde das Naziregime dann erst mit dem Ausbruch des Krieges."[30]

Wenn der Terror beginnt, seine Opfer nach objektiven Merkmalen, ohne allen individuellen Bezug auf Meinungen oder Handlungen der Betroffenen, auszuwählen, verliert die Furcht, das Mittel der Einschüchterung in der Diktatur, ihren praktischen Sinn, da vom eigenen Handeln das Schicksal gar nicht mehr abhängt. Totale Herrschaft spannt das privatgesellschaftliche Leben der ihr Unterworfenen in „das eiserne Band des Terrors". Dadurch zerstört sie zwar alle zwischen Menschen noch verbleibende Beziehungen, isoliert sie, aber so eingeengt

---

[29] Arendt, Hannah: Zwischen Vergangenheit und Zukunft. S. 210
[30] Arendt, Hannah: Eichmann in Jerusalem. S.149

sind die völlig Isolierten und voneinander Verlassenen zu politischen Aktionen wieder einsetzbar. Totale Herrschaft mobilisiert Massen, erzeugt Chaos und Betriebsamkeit, während das Kennzeichen der Diktatur Totenstille ist.

Totalitäre Herrschaft beraubt die Menschen nicht ihrer Fähigkeit zu handeln wie in der Tyrannis, sondern macht sie im Gegenteil, gleichsam als seien sie alle wirklich nur ein Mensch, mit unerbittlicher Konsequenz zu handelnden Komplizen aller von dem totalitären Regime unternommenen Aktionen und begangenen Verbrechen. Und gibt es ein größeres Verbrechen als den millionenfachen Mord?

Die Zerstörung der Pluralität, die der Terror bewirkt, hinterlässt in jedem das Gefühl, von allen ganz und gar verlassen zu sein. Verlassen in dem Sinne, dass es niemanden gibt, auf den man sich verlassen könnte. Die einzige Ausfluchtsmöglichkeit besteht dann nur noch darin, nichts zu tun, man nannte das dann innere Emigration.

Für Arendt ist das Wesen totalitärer Herrschaft der Terror, der nicht nach den Regeln des Machthungers eines einzelnen (wie in der Tyrannis), sondern in „Übereinstimmung mit außermenschlichen Prozessen und ihren natürlichen oder geschichtlichen Gesetzen vollzogen wird." (EU 979) Terror ist in diesem Sinne praktisch das neue „Gesetz", das die Regeln definiert. Die Prozesse von „Natur" und „Geschichte" äußerten sich politisch als Zwang und könnten nur durch Zwingen realisiert werden oder anders gesagt durch Terror. Die totale Herrschaft beansprucht für sich, nicht individuellen Zwecken zu dienen, sondern jenseits persönlicher Macht allgemeine Interessen zu vertreten und dafür ohne Rücksicht die individuellen Interessen aller zu opfern, um das Gesetz der Geschichte oder das Gesetz der Natur konsequent durchzusetzen. Ziel ist die Menschheit als totale Einheit, als Endprodukt von Geschichte oder Natur.

Da ist es dann nur folgerichtig, wenn totalitäre Regierungen die Weltherrschaft für sich reklamieren. Der Terror wird zum Selbstzweck[31], deshalb darf er auch keine juristische oder politische Begründung mehr haben, wie noch in der Anfangsperiode, sondern Terror heißt: „Blutbäder unter Unschuldigen", „objektive" Gegner wie Rassen oder Klassen, Schauprozesse, Denunziationen oder „Verbrecher ohne Verbrechen". Und das ideale Muster für diesen Terror sind die Konzentrations- und Vernichtungslager.

Jüngste Forschungsergebnisse in der Verhaltensbiologie[32] von Heuschreckenschwärmen erzählen von Phänomenen, welche den Thesen Arendts über die Funktionsweise des eisernen Bands des Terrors sehr nahekommen. Heuschrecken leben in der Regel allein, in bestimmten Situationen schließen sie sich aber zu millionenfachen Schwärmen zusammen und aus einem unschuldigen Insekt wird ein Monsterschwarm. Warum verwandeln sich die Tiere vom unschuldigen Einzelgänger zu Fressmonstern in großen Heuschrecken-Heeren? Das wird von Iain Couzin und seinem Team im Max-Planck-Institut (MPI) für Verhaltensbiologie in Konstanz erforscht. Die ersten Ergebnisse sind erstaunlich, denn entgegen den Erwartungen haben diese Schwärme keinen einzelnen Führer, sie organisieren sich quasi automatisch selbst. Beim genaueren Hinsehen wird klar, jedes Tier beeinflusst mit dem eigenen Verhalten das der ganzen Gruppe und wird wiederum von seinen Nachbarn beeinflusst. Tiere, die abseitsstehen, werden vom Schwarm

---

[31] Beim Nazi-Terror wird das besonders deutlich, wenn der Terror der Lager Vorrang hat vor der Kriegsführung und in der Sowjetunion zeigt sich dieselbe „Unlogik" so: „Im Sinne normaler Machtpolitik also war die Liquidation der Klassen in der Sowjetunion und die Errichtung einer Massengesellschaft terrorisierter und isolierter Individuen absolut überflüssig; wahrhaft katastrophal aber wirkte sie sich natürlich auf wirtschaftlichem Gebiet aus." (EU 723)
[32] Göbel (2024)

angezogen und eingegliedert. Überraschend sind auch die Ergebnisse darüber, warum sich die Heuschrecken überhaupt zu einem Schwarm zusammenschließen. Und wenn die Populationsgröße der Heuschrecken einen kritischen Wert übersteigt und gleichzeitig die Nahrungsquellen zu knapp werden, bleiben für die Heuschrecken nur noch ihresgleichen als Nahrungsquelle.

„Die ehemals friedlichen Einzelgänger wandeln sich in Kannibalen. „Der beste Weg für eine Wüstenheuschrecke, ihren Mangel an Nährstoffen auszugleichen, ist eine andere Heuschrecke", sagt Couzin. Früher dachten Wissenschaftler, ein besonders kooperatives Verhalten der Tiere sei der Grund dafür, warum sie in riesigen Verbünden irgendwann zu wandern beginnen. Aber Couzin und seine Kolleginnen konnte zeigen, dass genau das Gegenteil der Fall ist: Die Angst, vom eigenen Nachbarn aufgefressen zu werden, bringt die Tiere dazu, gemeinsam in dieselbe Richtung zu marschieren."[33] Die Bewegungsmuster von Schwärmen entsprechen dabei den Gesetzen der Teilchenphysik. Iain Couzin vergleicht das mit einer Autobahn: „Wenn man vermeiden will, mit den anderen zu kollidieren, fährt man am besten gemeinschaftlich in dieselbe Richtung."[34]

Die Beobachtung, dass die Suche nach Nahrung die Bildung eines Schwarms als die einfachere Alternative zum Überlebenskampf Heuschrecke gegen Heuschrecke erscheinen lässt, ist die eine Sache, entscheidender ist jedoch die direkte Berührung der Artgenossen, die sich in kleinen Bissen äußert. „Berührung gibt den Ausschlag. Das konnten britische Wissenschaftler vor einigen Jahren feststellen. Wenn die einzelnen Individuen zu dicht aufeinandersitzen, übereinander krabbeln und sich zu oft an

---

[33] ebenda
[34] ebenda

den Hinterbeinen berühren, steigt der Serotonin-Gehalt im Gehirn der Tiere. Die Transformation setzt sich in Gang, der Schwarm entsteht."[35] Diesen Mechanismus für die Schwarmbildung, den man auch leicht als Terror identifizieren könnte, konnten die Konstanzer Forscher im Experiment nachweisen. Sie durchtrennten die Nerven, die für die Schmerzempfindung der Heuschrecken zuständig waren, damit sie die Bisse der Heuschrecken hinter ihnen nicht mehr fühlen konnten. Sofort verloren die Insekten ihre Fähigkeit zur Schwarmbildung. Bei Heuschrecken wird der Schwarm durch kleine Bisse organisiert und zu einer Einheit formiert, so ähnlich stelle ich mir die Formierung von Menschenmassen durch Terror vor. Bei Menschen reicht meistens schon die Möglichkeit von Gewalt, um Angst und Gefolgschaft zu sichern. Das eiserne Band des Terrors wirkt nicht nur in den Lagern, vor allem da bei den Tätern, sondern schon als Gerücht, oder gerade als Gerücht. Im Gegensatz zu Heuschrecken kommt bei Menschen noch der Ideologiefaktor als quasi geistigen Terrors dazu.

Die Ideologieverschworenheit

Für Hannah Arendt haben alle politisch relevanten Ideologien ihren Ursprung im 19. Jahrhundert, dem Umbruch-Jahrhundert überhaupt. Ideologien behaupteten, den Schlüssel für die „Enträtselung der Menschheitsgeschichte" in der Hand zu haben. Lösungen für reale Probleme wurden nicht pragmatisch in der realen Welt, sondern in abstrakten Zukunftsszenarien gesucht (Weltgeist, Kommunismus, Reinheit der Rassen). Nicht die Geschichtsphilosophien an sich sind dabei das Problem, sondern die angebliche Plausibilität, die von jeder Ideologie behauptet wird. Aus einer als sicher angenommenen Prämisse, die es in dieser Absolutheit real nie geben kann, (z.B. Geschichte ist der Kampf der Klassen gegeneinander oder

---

[35] ebenda

Evolution ist der Krieg aller Rassen untereinander) wird mit einer Folgerichtigkeit, losgelöst von der Realität, alles Weitere abgeleitet, deduziert. „Geschichtsbesessenheit und Ideologieverschworenheit"[36] sind das unheilvolle Erbe, das uns auch heute dazu verführt, „ein ganz und gar freies Denken, das sich weder der Geschichte noch des logischen Zwanges als Krücken bedient"(ebenda), für oberflächlich, ohne Kontextualisierung oder für unverbindlich zu halten. [37]

Totalitäre Ideologien wirken dagegen ernsthaft oder radikal, im Sinne von an die Wurzel (radix) gehen. Der Größenwahn besteht dabei darin, ganze Gesellschaften in ihrer Verschiedenheit gemäß einem vorgefassten Modell zuzurichten. Dieser Größenwahn macht für Arendt den ideologischen Kern auch jeder totalen Herrschaft aus. Die jeweilige Ideologie ist dabei austauschbar. Ideologien in ihrem Anspruch auf totale Welterklärung haben es an sich, nicht das, was ist, zu erklären, sondern nur das was wird. Ideologisches Denken wird dadurch unabhängig von Erfahrungen. Es schafft eine eigene, „eigentliche" Realität, die sich hinter den Alltagserfahrungen verbirgt und um die wahrzunehmen, benötigt man einen besonderen Zugang zur Wahrheit. Und diese Wahrheit wird den unwissenden Lehrlingen wie eine Einführung in Mysterien durch Schulungen gelehrt. Der Unterschied von weltfremden Spinnern oder Mystikern zu totalitären Ideologen ist jedoch, letztere tun das, was sie sagen. Sind sie erstmal an die Macht gekommen, verändern sie die Wirklichkeit im Sinne ihrer Ideologie.

Dazu trägt auch bei, dass totalitäre Bewegungen immer ein großes, abstraktes Ziel wie die Weltherrschaft brauchen. Alles was mehr beinhaltet als den Anspruch auf Weltherrschaft, und

---

[36] Arendt, Hannah: Menschen in finsteren Zeiten. S.15
[37] Ein linker Freund kommentierte mein Buchprojekt daher auch konsequent als losgelöste Spekulation eines alten ehemaligen Aktivisten.

jedes politische Programm, das die „weltanschaulichen Fragen
der nächsten Jahrtausende" konkretisieren würde, steht der totalen Herrschaft im Wege, weil es konkret genug sein würde,
um eine Meinung und damit eine Meinungsänderung zu erlauben.

Das Problem besteht nicht nur in den Zirkelschlüssen von Ideologien, sondern vor allem auch in der Art des Denkens selbst.
Es fällt auf, dass ideologisch geschulte Menschen leicht die Ideologie wechseln können, wenn das eigene System versagt hat,
Beispiele dafür gibt es reichlich: vom militanten Antifa- Kämp-
fer zum militanten Antisemiten oder vom nihilistischen Exis-
tentialisten zum nihilistischen Nazi-Ideologen. Schwieriger ist
aber eine Rückkehr zu „normalen Denkformen und normalen
politischen Handeln".
Deduktion, also das Denken vom Allgemeinen zum Besonderen, ist für die Weltsicht des Lehrlings so attraktiv geworden,
dass man darin regelrecht gefangen bleiben kann. Zumal all
diese Ideologien und Verschwörungstheorien eine große Anziehungskraft dadurch haben, dass sie losgelöst von Wirklichkeit und Erfahrung sind.

Arendts Gegenprinzip gegen diesen Zwang zu deduzieren und
gegen die Angst, sich im Widersprechen zu verlieren, liegt in
der menschlichen Spontanität, in unserer Fähigkeit, „eine Reihe
von vorne anfangen" zu können. Alle Freiheit liegt in diesem
Anfangen-Können beschlossen. (siehe EU 996) Sie nennt das
„Denken ohne Geländer". Und freies Denken ist der Feind totalitärer Ideologie, denn es kommt immer ein neuer Anfang in
die Welt, wenn der Selbstzwang der Ideologie, nach A, B und
C „bis zum Ende des mörderischen Alphabets" (ebenda) zu
denken, durchbrochen wird.

Bewegung und Chaos

Massenbewegungen werden nicht von gemeinsamen Interessen zusammengehalten, und ihnen fehlt jedes spezifische Klassenbewusstsein, das sich bestimmte, begrenzte und erreichbare Ziele setzt. Arendt verwendet den Ausdruck „Masse" daher nur für Gruppen von großer Zahl, die weder durch Parteien, noch Interessenverbänden oder Gewerkschaften und keinen Berufsverbänden vertreten werden können. Diese Massen bilden meistens die Mehrheit in den industrialisierten Ländern, bleiben aber in „neutralen Zeiten" politisch neutral, geben ihre Stimmen häufig nicht ab und treten Parteien nicht bei. Arendt sieht als Hauptprofiteure dieser Massen vor 1933 die faschistischen und kommunistischen Parteien, die ihre Mitglieder „aus der Masse jener scheinbar politisch ganz uninteressierten Gruppen rekurrieren, welche von allen anderen Parteien als zu dumm oder zu apathisch aufgegeben worden waren" (EU 696).

Das Selbstverständnis des demokratischen Parlamentarismus beruht darauf, dass man sich kritisch mit den Argumenten des politischen Gegners auseinandersetzt. Von diesem Prinzip des Parteiensystem konnten sich Bewegungen schnell verabschieden, weil ihre Mitglieder schon vorher unpolitisch waren und daher auch nie durch das System repräsentativer Demokratie „verdorben" worden waren. (EU 697). Arendt spitzt das so zu: Sie „brauchten nicht zu überzeugen, wenn Überzeugung voraussetzt, dass der Überzeugte vorher eine andere Meinung gehabt hat." (EU 697) Deshalb wäre es auch völlig verfehlt gewesen, wenn sie den anderen Parteien ihre Mitglieder streitig gemacht hätten. Losgelöst von den Spielregeln der Parteienkonkurrenz konnten sie polarisierende Methoden, Bürgerkriegsmethoden, ein Freund-Feind-Schema für ihre Politik geltend machen. Das bedeutet, dass es auch in funktionierenden Demokratien versteckt eine große Anzahl von Bürgern geben kann, die durch Bewegungen gegen das System mobilisierbar sind. Totale Herrschaft ist ohne Massenbewegung nicht möglich. Die totalitären Bewegungen sind Massenorganisationen atomisierter und isolierter Individuen und verkörpern den Zeitgeist und nichts sonst und sind darum nur von allgemeinsten Parolen, die nur dem geschichtlichen Moment „überhaupt", aber keiner konkreten politischen Situation mehr entsprechen, anzusprechen und zu mobilisieren. (EU 675)[38]

Für Hannah Arendt ist der Bewegungscharakter ein zusätzliches Unterscheidungsmerkmal zwischen Tyrannis und totaler Herrschaft. Guckt man sich den italienischen Faschismus und die deutsche Entwicklung an, werden entscheidende Unterschiede in der Mobilisierung der Massen deutlich. Startete Mussolinis Faschisten noch als Massenbewegung (Marsch auf Rom), so wurde jedoch schnell klar, dass es Mussolini vor allem darum ging, den Nationalstaat auszubauen und alle Leitungspositionen mit den eigenen Leuten zu besetzen. Das entspricht der Vorgehensweise für die Errichtung einer Diktatur, in diesem Fall einer faschistischen Parteidiktatur.

In Deutschland achteten die Nazis von Anfang an darauf, Partei, Bewegung und Staat nicht miteinander zu vermengen, es wurden Doppel- und Dreifachstrukturen von Zuständigkeiten entwickelt. Ähnlich kompliziert waren die Aufgaben zwischen Partei, Bewegung und Staatsapparat im Stalinismus aufgeteilt. Totalitäre Bewegungen übernehmen zuerst den Staatsapparat,

---

[38] Durs Grünbein macht dieses Phänomen der Massenhaftigkeit anschaulich. „Denke ich zurück an die kleinen Einheitsmarken (Briefmarken mit dem Kopf Hitlers), wird mir der Massencharakter des Nationalsozialismus mit einem Male anschaulich. Ich frage mich, von wie vielen Millionen Menschen Hitler seinerzeit abgeleckt wurde, freiwillig oder widerstrebend, jedenfalls abgeleckt. Die Vorstellung dieser sklavischen Vielzüngigkeit, Doppelzüngigkeit, klebrigen Servilität hat etwas Entsetzliches." (Grünbein, Jenseits der Literatur, Oxford Lectures, S. 11)

aber nicht um ihn zu nutzen, sondern um ihn zu zerstören. Aber mit der Zerstörung des Nationalstaates zerstören sie auch jede Möglichkeit, sich zum Beispiel durch Gesetze oder die Polizei zu begrenzen oder zu mäßigen. Bewegungen, die die Massen mobilisieren können, haben daher eine unwiderstehliche Tendenz zur Radikalisierung und beinhalten deshalb auch immer eine Tendenz zur Selbstzerstörung. Sie werden immer radikaler und vernichten sich, wenn sie alles vernichtet haben, wahrscheinlich selbst.

Bewegungen zerstören jegliche Form von Berechenbarkeit, von Verantwortungszurechnung. „Wenn die Nazis erklären, der Führer trage allein die Verantwortung, die Zeit für diese Rechenschaft aber auf ein 1000-jähriges Projekt bemessen, dann ist letztlich niemand mehr für irgendetwas verantwortlich, was sich in einer stets räumlich und zeitlich begrenzten Lebenswelt ereignet."[39] In der Interpretation der totalen Herrschaft sind alle Gesetze, die eigentlich den Handlungen des Staatsbürgers zugrunde liegen sollen, zu Gesetzen der gesellschaftlichen Bewegung geworden. Wenn die Nazis vom Gesetz der Natur sprechen oder die Bolschewiki vom Gesetz der Geschichte, sind weder die Natur noch die Geschichte mehr die stabilisierende Quelle der Autorität für die Handlungen der sterblichen Menschen, sondern aus ihnen sind Bewegungen zur Durchsetzung von Prinzipien geworden. Oder in den Worten Carl Schmitts: „Für eine Bewegung gibt es nur eine Sache, die zählt, und das ist, dass sie beständig in Bewegung bleibt. Denn „die Bewegung ist sowohl Staat wie Volk, und weder der heutige Staat … noch das heutige Volk wären ohne die Bewegung auch nur vorstellbar."[40]

---

[39] Brunkhorst (1999) S. 57
[40] Schmitt, Carl

Totalitäre Bewegungen sind von vornherein sorgfältig darauf bedacht, die wesentlichen Differenzen zwischen Staat und Bewegung aufrechtzuerhalten und die revolutionären Institutionen der Bewegung nicht zu liquidieren. Sie lösen das Problem, sich des Staatsapparats zu bemächtigen, ohne mit ihm zu verschmelzen, dadurch, dass sie nur solche Parteigenossen in den Staatsapparat aufsteigen lassen, deren Bedeutung für die Bewegung zweitrangig ist. Alle wirklichen Machtpositionen liegen außerhalb des Staats- und Militärapparats in der Bewegung.

In totalitär regierten Ländern wird der Staat zur Fassade, die das Land nach außen in der nichttotalitären Welt und nach innen zur Beruhigung, dass alles ganz normal ist, repräsentiert. Die einzige Institution, in der Staatsmacht und Parteiapparat zusammenzufallen scheinen und die gerade darum sich als das eigentliche Machtzentrum im totalitären Herrschaftsapparat entpuppt, ist die Geheimpolizei (Himmler Reichsführer-SS und Chef der deutschen Polizei). Das Militär wird eher entmachtet, weil eine Armee in der Regel nationalistisch geprägt ist, und der Anspruch auf Weltherrschaft daher schwer zu vermitteln ist. Die Geheimpolizei ist kein „Staat im Staate" mehr, sondern die Avantgarde der Bewegung, die die Weltanschauung, die Ideologie des Herrschaftsapparats selbst verkörpert, indem sie sie umsetzt. Angestrebt wird daher die vollständige Kontrolle über die gesamte Bevölkerung, nicht die Bespitzelung von einzelnen Gegnern, da vom Standpunkt totaler Herrschaft allein die Tatsache, dass Menschen denken können, einen Verdacht erregen, den kein noch so vorbildliches Verhalten je zerstreuen kann. Denn die Fähigkeit zu denken ist unauflöslich mit der Fähigkeit, seine Meinung zu ändern, verknüpft. (EU 909f) Die gleichgeschaltete Bevölkerung wird daran gewöhnt, in Begriffen einer Verschwörung zu denken, indem man ihr erzählt, die gesamte Welt habe sich gegen sie verschworen. Und das logische Mittel gegen Verschwörungen ist die Denunziation der Verschwörer.

Die Entgrenzung staatlicher Verantwortung und ein gewisses Kompetenzchaos, welches durch „Multiplikation" der Zuständigkeiten erzeugt wird, setzt die Zerstörung des Nationalstaates und seiner Institutionen voraus und ermöglicht erst die Entfesselung von brutaler Gewalt, den Terror, der zum Herrschaftsprinzip wird.[41] Bewegungen von atomisierten Individuen in einer Massengesellschaft geht es gar nicht darum, die Wirklichkeit real zu verbessern, sondern es wird eine fiktive Welt als Fluchtort aus der realen Wirklichkeit konstruiert oder phantasiert. Es ist daher wahrscheinlich auch eine Illusion, wenn man meint, Parteien wie die AfD inhaltlich stellen zu können. In einer fiktiven Welt gelten die Inhalte der realen Welt nicht. Man bietet Systemfeinden damit nur eine weitere Bühne. Man kann sie nur bekämpfen, indem man die Wirklichkeit so reformiert, dass sie genügende Bindungskräfte entwickelt, welche ein Abbiegen in eine fiktive Welt verhindern.

Wenn dieser Umstand nicht berücksichtigt wird, dann passieren Fehler wie die diplomatischen Beschwichtigungsversuche der nichttotalitären Welt im Münchener Abkommen oder im Jalta-Abkommen. Jedesmal, wenn man meint, diplomatische Siege errungen zu haben, die kurzzeitig Gewalttätigkeit und Krieg zu vermeiden versuchten, stellte sich heraus, dass es Pyrrhus-Siege waren und die totalitäre Regierung auf Kompromisswilligkeit mit verstärkter Feindseligkeit reagierte. (EU 823) Man kann totalitäre Bewegungen und Institutionen nicht verstehen, wenn man quasi mit dem gesunden Menschenverstand die bekannten Maßstäbe des „Interesses und der Zweckmäßigkeit" anlegt. Dagegen ist es leicht, das, was sie tun, zu begreifen, wenn man den Totalitätsanspruch ernst nimmt und einmal annimmt, dass totale Herrschaft keine Utopie ist. (EU 935)

---

[41] Siehe auch die Analyse von Timothy Snyder (2015): Black Earth

Totalitäre Systeme tun das, was sie sagen. Da man dieses Denken nicht gewohnt sei, hält man es auch dann für nicht wahr, wenn es tatsächlich geschieht.

Auch von der kommerziellen Massenreklame hat die totalitäre Propaganda gelernt. Wichtig ist, dass ein Produkt mit pseudowissenschaftlichen Begründungen in Bezug auf die Wirksamkeit ausgestattet werden sollte. Im Nazismus ist das die pseudowissenschaftliche Rassenlehre, die gekoppelt mit einer Verschwörungstheorie wie „Die Protokolle der Weisen von Zion" ein eindeutiges Weltbild konstruierte. Wie Verschwörungstheorien funktionieren, zeigt ein Beispiel, das Arendt in „Eichmann in Jerusalem" erzählt. Der stellvertretende ägyptische Außenminister konstruierte ein paar Wochen vor dem Prozess folgende Logik: Nicht Hitler sei an dem Massaker der Juden schuldig, sondern er sei nur das Opfer der Zionisten geworden, denn diese hätten ihn gezwungen, Verbrechen zu begehen, damit sie schließlich ihr Ziel erreichen konnten – die Schaffung des Staates Israel.[42] Den unorganisierten, vereinsamten Individuen der Massengesellschaft werden eine klare Orientierung und ein Führer, der unfehlbar ist, als Stabilisierungsanker angeboten. Totalitäre Propaganda hat ihr Ziel nicht erreicht, wenn sie überzeugt, sondern wenn sie organisiert.

„Der wahre Grund für die unabwendbare, prinzipielle Überlegenheit aller totalitären Propaganda über die Propaganda aller anderen Parteien oder Regierungen ist, dass ihr Inhalt (...) nichts mit Meinungen zu tun hat, über die man streiten kann, sondern zu einem ebenso unangreifbaren realen Element ihres täglichen Lebens geworden ist, wie dass zwei mal zwei vier ist."[43] Die Vorteile einer Propaganda (...) zu der von vornherein „die Gewalt der Organisation" hinzutritt (exerziert, geübt) sind

---

[42] Arendt, Hannah: Eichmann in Jerusalem. S.92
[43] Arendt, Hannah: Eichmann in Jerusalem. S.92

so groß, dass das Wort Propaganda eigentlich verfehlt ist. Sie kann daher auch nicht durch Gegenpropaganda widerlegt oder bekämpft werden. „Sie ist Teil der totalitären Welt und wird nur mit ihr vernichtet."[44]

Erst im Moment der Niederlage macht sich die wesentliche Schwäche totalitärer Propaganda geltend. Bricht die Bewegung zusammen oder verschwindet die Gewalt der Organisation, so hören ihre Anhänger von einem Tag zum anderen auf, an ein Dogma oder eine Fiktion zu glauben, der ihr Leben zu opfern sie gestern noch bereit waren. Sie werden wieder zu den isolierten Individuen, als die sie sich zu einer Massenbewegung zusammengeschlossen haben und sehen sich nach einer neuen vielversprechenden Fiktion um oder warten bis die alte Ideologie wieder an Stärke gewinnt und eine neue Massenbewegung ins Leben ruft.

Die Zerstörung des Individuums

Letztlich ist das Stadium der Verlassenheit nur ein Vorstadium für die Vernichtung jeglicher Individualität. Totale Herrschaft kann nur funktionieren, wenn die Menschen gar nicht mehr merken, dass ihnen die Freiheit geraubt wurde. Dazu gehört die oben beschriebene Sprachlosigkeit über eine Welt, die als unwirklich empfunden wird. Heute würde man sagen, man sei im falschen Film. Und das gilt für die Täter- wie die Opferperspektive.

Die Opferperspektive

Die Opfer des Terrors sollten nicht nur physisch zerstört werden, sondern alle Elemente einer freien Persönlichkeit mussten

---

[44] Arendt, Hannah: Eichmann in Jerusalem. S.764

zerstört werden: Die juristische Person, die moralische Person und letztlich die individuelle Identität.

Rechtlos

Dass Menschen rechtlos werden, gab es auch schon vorher bei denen, die zu Staatenlosen gemacht wurden. In den KZs wird die Rechtlosigkeit aber mit einem Ort verknüpft, wo Menschen nur noch sind und ihre Fähigkeit zu handeln verloren haben. KZs stehen außerhalb des normalen Strafvollzugs und die Insassen werden nicht zur Ahndung von strafbaren oder sonst verwerflichen Taten eingeliefert. Juristisch heißt das dann „Schutzhaft", eine polizeiliche Präventivmaßnahme, die Menschen der Freizügigkeit zu handeln beraubt. Diese rechtlosen Menschen zeigen auch allen anderen, dass der Mensch wertlos und überflüssig ist und gegenüber dem System gar nichts ist. Die Einteilung in Kategorien (Verbrecher, Politische, Asoziale, Religiöse, Juden) mit entsprechenden Kennzeichnungen machte diese Operation zusätzlich pervers, weil es diese Kategorien bei der Zuweisung ins Lager real nicht gab. Die Deportationen ins Lager waren willkürlich und musste auch willkürlich bleiben, sollten die Lager als Institution der völligen Entrechtung des Menschen aufrechterhalten werden.

Morallos

Um zum lebenden Leichnam zu werden, musste neben der juristischen Person auch die moralische Person der Opfer ausgelöscht werden. Das passierte im Wesentlichen dadurch, dass zum ersten Mal in der Geschichte ein letzter Akt von Moral, nämlich zum Märtyrer werden zu können, unmöglich gemacht worden ist. Denn um zum Märtyrer zu werden, muss es eine Erinnerung an eine konkrete Person und ihre konkrete Position geben. Die Lager waren aber ein System des Vergessens, die Erinnerung an die konkrete Person sollte und wurde gelöscht.

Heroisches Handeln, das auf Moral fußt, war unmöglich. Selbst der Tod wurde anonym. In der Sowjetunion war es praktisch unmöglich festzustellen, ob jemand schon tot war oder noch lebte. Dadurch nahm man dem Sterben jeglichen Sinn. „Sie schlugen gewissenmaßen dem einzelnen seinen eigenen Tod aus der Hand, zum Beweise, dass ihm nichts und niemand mehr gehörte. Sein Tod war nur die Besiegelung dessen, dass es ihn niemals gegeben hatte." (EU 952)

Identitätslos

Übrig blieb die Tatsache der eigentümlichen menschlichen Differenziertheit, der individuellen Identität, das, was Menschen unterscheidet in Charakter und Wesen. Das ist schwer zerstörbar. Dazu wurden Mittel eingesetzt diese Individualität durch Homogenisierung zu zerstören: Transport splitternackt, in Viehwagen zusammengedrängt und tagelang herumgefahren. Dem Zeremoniell der Einlieferung ins Lager, dem organisierten Schock der ersten Stunden, dem Kahlscheren des Schädels, der grotesken Einkleidung mit Häftlingskleidern. Den genau berechneten Torturen (Folter), die noch nicht zum Tod führten. Dies alles führte zu einer ähnlichen Zerstörung der menschlichen Person wie gewisse organisch bedingte Geisteskrankheiten. Menschen sollen zu restlos aller Spontanität beraubte Marionetten werden. Insofern waren die Lager das Laboratorium für die Gesamtgesellschaft, denn solange nicht erreicht ist, was bisher nur in Konzentrationslagern voll erreichbar war, dass alle Menschen gleichermaßen überflüssig sind, solange ist das Ideal totaler Herrschaft nicht erreicht. Als Person wertlos und überflüssig zu werden ist den modernen Massen nicht fremd, sondern entspricht ihrer Erfahrung von ihrer eigenen Überflüssigkeit in einer übervölkerten Welt und der Sinnlosigkeit dieser Welt selbst. Mit diesen neuen totalitären politischen Strukturen befinden wir uns in der Tat am Ende des bürgerlichen Zeitalters wie am Ende des Zeitalters des Imperialismus. In der totalitären Welt spielen weder Profitmotive noch Machthunger eine entscheidende Rolle, sondern ausschließlich ideologische Gründe.

Die Täterperspektive

Aber auch die Täter sollten ihrer moralischen und individuellen Identität beraubt werden. Zu Beginn der Naziherrschaft war noch die SA für die Folterungen zuständig, und da spielte der Hass, das Ressentiments gegen alle sozial oder geistig oder körperlich besser Weggekommenen und auch sadistische Motive noch eine große Rolle. Neuere Forschungen verweisen auf eine Tradition des Sadismus aus der Zeit des Kolonialismus. Die Gewaltlust des Sadismus ist nach Meinung der Berliner Kulturwissenschaftlerin Iris Därmann[45] eine Erfindung der modernen Sklavenhaltergesellschaft. Letztlich geht es um den "Besitz des Körpers" (Michel Foucault).

Die Übernahme der Lager durch die SS brachte die Entindividualisierung der Folter durch Bürokratisierung. Das war jedoch kein Fortschritt oder keine Humanisierung, sondern das war noch grauenhafter. Die Lager wurden zu Exerzierplätzen, auf denen vollkommen normale Menschen zu vollgültigen Mitgliedern der SS erzogen wurden. (EU 956) Die Verstrickung in der gemeinsamen Schuld wirkte disziplinierend.

Das Grauen bestand in einer „absolut kalten, absolut berechneten und systematischen Zerstörung der menschlichen Körper zum Zwecke der Zerstörung der menschlichen Würde" (EU 956).

Und hier gibt es eine Querverbindung zum Rassismus in den Kolonien, bezogen auf die Sicht der Täter. Die Täter sahen in

---

[45] Iris Därmann (2023)

Juden keine Menschen, sondern Ungeziefer. Man mordete keinen Menschen, wenn man einen Juden erschlug, sondern „ein Schemen, an dessen lebendige Realität man ohnehin nicht glauben konnte, und man handelte nicht in eine Welt hinein, sondern in »ein bloßes Spiel von Schatten". (siehe EU 445 und Kapitel „Racism")

Vergessen und Empathielosigkeit

Totalitäre Herrschaft hat das Ziel, alle Menschen so zu organisieren, dass aus ihrer unendlichen Pluralität, Vielheit und Verschiedenheit so etwas wie nur ein einziger Mensch wird, die Spezies Mensch, deren einzige Freiheit darin besteht, die eigene „Art" zu erhalten. Das ist nur möglich, wenn es gelingt, jeden Menschen auf eine sich immer gleichbleibende Identität von Reaktionen zu reduzieren, so dass jedes dieser Reaktionsbündel mit jedem anderen austauschbar ist. „Das eigentliche Grauen der Konzentrations- und Vernichtungslager besteht darin, dass die Insassen, selbst wenn sie zufällig am Leben bleiben, von der Welt der Lebenden wirksamer abgeschnitten sind, als wenn sie gestorben wären, weil der Terror Vergessen erzwingt. Der Mord geschieht hier ganz ohne Ansehen der Person. Er kommt dem Zerdrücken einer Mücke gleich."(EU 938)

In „Eichmann in Jerusalem" zitiert Hannah Arendt David Rousset, einen französischen Schriftsteller und ehemaligen Insassen von Buchenwald: „Der Triumph der SS verlangt, dass das gemarterte Opfer sich ohne Protest zum Galgen führen lässt, dass es auf Widerstand verzichtet und sich selbst soweit aufgibt, dass es die eigene Identität verliert. Und das geschieht nicht ohne Grund. Nicht umsonst, nicht einfach aus Sadismus bestehen die SS-Leute auf dieser Unterwerfung. Sie wissen, ein System, das sein Opfer zu zerstören vermag, ehe es aufs Schafott steigt … ist unvergleichlich besser geeignet als jedes andere, ein ganzes Volk zu versklaven und in der Sklaverei zu halten. Nichts ist schrecklicher als diese Prozessionen menschlicher Wesen, die wie Gliederpuppen in den Tod gehen."[46]

Die Konzentrations- und Vernichtungslager dienten dem totalen Herrschaftsapparat als Laboratorien, in denen experimentiert wird, ob der fundamentale Anspruch der totalitären Systeme, dass Menschen total beherrschbar sind, praktikabel sei. Jede Spontaneität soll ausgeschaltet werden und die Menschen in ein Ding verwandelt werden, das unter gleichen Bedingungen sich immer gleich verhält. Das ist nur unter den Bedingungen der Lager erreichbar, diese sind daher mehr als Tötungsfabriken, sie sind das richtungsgebende Gesellschaftsideal für die totale Herrschaft überhaupt. Dazu gehört auch die Paradoxie, dass die Lager gegen die Welt der Lebenden nach außen abgeschottet werden müssen, um als „eisernes Band" zu funktionieren, denn die Konkretion des Massenmordens wird nicht gebraucht, sondern der Verdacht, dass es grausam und schlimm ist, reicht aus. Diese subtile Wirkung von Terror, die auch darauf beruht, dass die Lager von der Außenwelt abgedichtet werden, ist eine der Ursachen, warum das totalitäre System so schwer begreifbar ist, denn allen Berichten, Fotos oder Filmen hängen eine eigentümliche Unwirklichkeit und Unglaubwürdigkeit an.

Die Berichte der Überlebenden, soweit es sie kurz nach der Befreiung überhaupt gegeben hat, sind von auffallender Monotonie und je echter diese Zeugnisse sind, desto kommunikationsloser erschienen sie, weil an ihnen das Odium der Unglaubwürdigkeit haftete. Dazu ein ausführliches Zitat: „In dieser an sich selbst und der erlebten Realität irrewerdenden Unsicherheit gibt sich nur kund, was die Nazis schon immer gewusst haben; dass es nämlich, ist man zum Verbrechen

---

[46] Les Jours de notre Mort, 1947, zitiert in Arendt, Hannah: Eichmann in Jerusalem. S. 80

entschlossen, zweckmäßig ist, Verbrechen in allergrößtem, allerunwahrscheinlichstem Maßstabe zu inszenieren. Nicht nur, dass solchermaßen alle Strafen, die in einem Rechtssystem vorgesehen sind, inadäquat und lächerlich werden; die Ungeheuerlichkeit der begangenen Untaten schafft automatisch eine Garantie dafür, dass den Mördern, die mit Lügen ihre Unschuld beteuern, eher Glauben geschenkt wird als den Opfern, deren Wahrheit den gesunden Menschenverstand beleidigt. Die Nazis haben sich auf diesen automatischen Schutz so sehr verlassen, dass sie es nicht einmal für nötig gehalten haben, diese Entdeckung für sich zu behalten; Hitler hat in Millionen von Exemplaren verbreitet, dass Lügen nur dann Erfolg haben können, wenn sie enorm sind, das heißt, wenn sie sich nicht damit abgeben, einzelne Tatsachen innerhalb eines intakt gelassenen Tatsächlichkeitszusammenhangs zu leugnen, wobei dann die intakte Tatsächlichkeit die Lüge immer an den Tag bringt, sondern wenn sie die gesamte Tatsächlichkeit so umlügen, dass alle einzelnen erlogenen Tatbestände in einem in sich stimmigen Zusammenhang eine fiktive Welt an die Stelle der wirklichen setzen." (EU 932)

Wenn es richtig ist, dass die Konzentrationslager die konsequenteste Institution totaler Herrschaft sind, dann dürfte zu ihrer Erkenntnis ein Verweilen beim Grauen unerlässlich sein. Doch das ist schwierig, da Augenzeugenberichte zwar von dem furchtbaren Abgrund wissen, der die Welt der Lebenden von der der lebenden Toten trennt, dieses aber nicht durch erinnerte Begebenheiten ausdrücken können. Hannah Arendt meint, ich erläutere das im zweiten Teil, dass ein Verstehen des Terrors nicht rein rational, sondern nur durch eine Antizipation des Grauens durch ein „verstehendes Herz möglich" ist.

3. Imperialism (Imperialismus)

Totalitäre Herrschaft im 20. Jahrhundert war nicht voraussetzungslos, sondern die imperialistische Expansionspolitik der europäischen Mächte schuf Vorbilder, die totalitäre Systeme nutzen konnten und nutzten. Das darf man nicht als notwendige Kausalität begreifen, sondern lediglich als Bereitstellung von Handlungsmöglichkeiten.

Wenn wir die Motive für den "scramble for Africa" und die darauffolgende imperialistische Epoche betrachten, können wir leicht erkennen, dass die Folgen so katastrophal waren, dass sie in keinem Verhältnis zu den Ursachen standen. Die Ursache war das Suchen einer kleinen Gruppe von Kapitalisten nach lukrativen Investitionen und diese schufen damit Bedingungen in Europa, die weit über die inhumanen Gräuel und die Opfer in Afrika selbst hinausgingen.[47]

Europa wurde durch zwei Kriege verwüstet, die abendländischen Traditionen zerstört, alle Völker, aber besonders das jüdische Volk, wurden in ihrer Existenz bedroht und die sittliche Integrität vieler Menschen zerstört. Angesichts der Verwüstung Europas und der Ermordung von Millionen Menschen „ist die Existenz einer kleinen Klasse von Kapitalisten, deren Reichtum die soziale Verfasstheit ihrer Länder und deren Produktionskapazität die ökonomischen Systeme ihrer Völker sprengte und die daher mit gierigen Augen den Erdball absuchten, nach profitablen Investitionen für überflüssiges Kapital, wahrlich eine Bagatelle."[48]

---

[47] Das ist sicher ein eurozentristischer Blick, aber ist er falsch?
[48] Arendt, Hannah: Die verborgene Tradition. 8 Essays. 12

Das Zeitalter des kolonialen Imperialismus[49] umfasste im engeren Sinne eigentlich nur drei Jahrzehnte, von 1884 bis 1914, aber in dieser Zeit zeigen sich, trotz aller scheinbaren Ruhe und Sicherheit in Europa, grundsätzliche Aspekte, „die den totalitären Phänomenen des 20. Jahrhundert so nahekommen, dass man versucht ist, die ganze Epoche als eine Ruhe vor dem Sturm, als vorbereitendes Stadium kommender Katastrophen anzusehen." (EU 284) Wer von totaler Herrschaft reden will, der muss vom Imperialismus reden. Dabei fing alles wie üblich an. Die Reichen jagten dem Profit nach und für die Armen blieb die Jagd nach dem Glück. Aber „als in den siebziger und achtziger Jahren die Diamanten- und Goldfelder Südafrikas entdeckt wurden, verband sich zum ersten Mal dieser neue Wille zum Profit um jeden Preis mit der alten Jagd nach dem Glück. Seite an Seite zogen aus industriell entwickelten Ländern die Goldgräber, die Abenteurer und der Mob der großen Städte in den dunklen Erdteil."[50]

Innenpolitisch war dieses Zeitalter in Europa vor allem mit der politischen Emanzipation der Bourgeoisie verknüpft. Das Besitzbürgertum, die Bourgeoisie, war in der Anfangsphase der Industrialisierung noch als eine sich auf die

---

[49]Idealtypisch kann man nach Osterhammel (J.O. Die Verwandlung der Welt, Eine Geschichte des 19. Jahrhunderts, München 2009) deskriptiv Imperialismus so definieren: „Unter Imperialismus lässt sich dann die Summe von Handlungen verstehen, die auf Eroberung und den Erhalt eines Imperiums abzielen. Imperialismus ist durch einen besonderen Stil von Politik gekennzeichnet.: Grenzen überschreitend, den Status quo nicht achtend, interventionistisch, das Militär schnell einsetzend, Krieg riskierend, Frieden diktierend. Imperialistische Politik geht von einer Hierarchie der Völker aus, immer einer von Starken und Schwachen, meist kulturell oder rassistisch abgestuft. Imperialisten sehen sich zivilisatorisch überlegen und daher zur Herrschaft über andere berechtigt." (621)
[50] Arendt, Hannah: Die verborgene Tradition. 8 Essays. S.13

Kapitalakkumulation konzentrierende Macht, die nur an ihrer wirtschaftlichen Expansion interessiert war. Man war zufrieden, wenn der Nationalstaat sich um die politischen Rahmenbedingungen kümmerte und funktionierte. Nach 1880 stieß aber die ökonomische Expansion, konzentriert auf den Raum Nationalstaat, an Grenzen. Und das politisierte die Bourgeoisie, die nun begann, sich politisch zu betätigen, um die Rahmenbedingungen für eine territoriale Expansion zu schaffen. Das Ziel waren neue Märkte und billige Rohstoffe. Das nach profitablen Anlagemöglichkeiten Ausschau haltende (überflüssige) Kapital suchte für seine Risiko-Investitionen staatliche Sicherheiten. Der unaufhaltsame Kapitalexport sollte in geordnete Bahnen gelenkt werden. Und das konnte nur der Staat bewältigen. „Was die Besitzer des exportierten Kapitals forderten: außerordentliche Gewinne ohne außerordentliches Risiko, konnte so in der Tat erfüllt werden. Durch eine unbegrenzte Akkumulation von Macht, das heißt von Gewalt, die kein Gesetz begrenzt, konnte eine unbegrenzte oder jedenfalls erstmal unbegrenzt scheinende Akkumulation von Kapital vonstattengehen." (EU 313) Dieser Prozess sprengte jedoch die Verfasstheiten der Nationalstaaten, denn in den Kolonien entwickelten sich vom „Mutterland" unterschiedliche Herrschaftsstrukturen. In den Kolonien herrschte die Willkür der Verwaltungsbeamten, die abgekoppelt von Recht und Gesetz zu Funktionären der Gewalt wurden und das hatte auch Rückwirkungen auf das „Mutterland".

„Die Expansionspolitik des imperialistischen Zeitalters bediente sich zweier, innerhalb der europäischen Geschichte durchaus neuer Herrschafts- und Organisationsprinzipien: sie führte den Rassebegriff in die innerpolitische Organisation der Völker ein, die sich dahin als Nationen verstanden und andere, nichteuropäische Völker als werdende Nationen angesehen hätten, und sie setzte an die Stelle der vorimperialistischen, erobernden und ausraubenden Kolonialherrschaft die geregelte

Unterdrückung auf dem Verordnungswege, die wir Bürokratie nennen."(EU 313)

Das liberale Modell des passiven Nachtwächterstaats, der sich auf die Sicherung des Besitzes konzentrieren sollte, wurde durch einen aktiv imperialistischen Staat ersetzt. Aus einem staatsfernen Bürger wurde ein machtgeiler Bourgeois, der die Macht als neuen Gott anbetet. Macht drückte sich vor allem in der bewaffneten Macht des Staatsapparats (Polizei und Militär) aus. Die Militarisierung der Gesellschaft im Kaiserreich Wilhelm II. war dafür ein Ausdruck. So kam es zu einer Renaissance des Leviathans, der einzigen politischen Theorie, die das öffentliche Wohl aus privaten Zwecken herleitete und der „um das Privatinteresse willen eines politischen Körpers entwarf, dessen einziges und fundamentales Ziel die Akkumulation von Macht ist." (EU 317) Der Staat als Leviathan muss darauf aus sein, seine Macht zu erweitern. Nur im Prozess der Machtakkumulation kann er sich stabil halten.

Das Scheitern des Modells Nationalstaat

Schon vor dem imperialistischen Zeitalter stieß die nationale Kapitalakkumulation an Grenzen, die zu einer Überproduktion von Kapital sorgte. Dieses überflüssige Kapital flüchtete, vermittelt durch Finanziers, in Börsenspekulationen und produzierte diverse Finanzskandale, die ihre Ursache häufig auch in Korruption und Schwindel hatten. Das führte dazu, dass diejenigen, die zu spekulieren wünschten, das vermehrte Risiko nicht allein tragen wollten. Dieses Dilemma löste sich dann dadurch, dass der Staat die Kapitalakkumulation in den neuen Kolonien durch bewaffnete Kräfte absicherte. Sobald dieser Kapitalexport sicher war, stieg das Industriekapital direkt ein und ersetzte Finanziers im Allgemeinen und jüdische Finanziers im Besonderen.

Hannah Arendt greift zur Erklärung dieses Zusammenhangs auf die Theorie Rosa Luxemburgs von der Akkumulation des Kapitals zurück.[51] Für Luxemburg ist die Akkumulation des Kapitals kein rein innerkapitalistischer Prozess, der „nur" durch die ursprüngliche Akkumulation des Kapitals angestoßen werden musste, wie Marx meinte, sondern das Kapital braucht zur Akkumulation beständig neue Bereiche, die kapitalisiert werden können. So wie die afrikanischen oder asiatischen Länder im Zeitalter des Imperialismus oder Bereiche wie Bildung, Gesundheit oder Straßenbau heute. „Mit anderen Worten, Marx' ursprüngliche Akkumulation des Kapitals war nicht, wie die Erbsünde, ein Einzelereignis, ein einmaliger Akt der Expropriation durch die entstehende Bourgeoisie, der einen Prozess der Akkumulation auslöst, der dann mit „eiserner Notwendigkeit" das ihm innewohnende Gesetz bis zum endgültigen Zusammenbruch erfüllen muss. (…) Der Kapitalismus lebt von äußeren Faktoren, und sein automatisierter Zusammenbruch kann, wenn überhaupt, erst dann erfolgen, wenn die gesamte Erdoberfläche von ihm erobert und verschlungen worden ist."[52] Arendt folgt Rosa Luxemburg und hält das Zeitalter des Imperialismus, im Gegensatz zu der traditionellen Epocheneinteilung, für noch nicht beendet. Mit den imperialistischen Ambitionen der nationalen Kapitale wurde das nationale Prinzip zu einer provinziellen Beschränkung.

Der Imperialismus führte so zu einer Entwertung des Modells Nationalstaat, denn das Vaterland (der Nationalstaat) war nur das Mittel, die Eroberung der externen Märkte der Zweck. Souveränität und Nationalstaat, sozusagen der Gründungserfolg, wurde zum außenpolitischen Widerspruch, denn „(d)ie Nation kann keine Reiche gründen, weil ihre politische Konzeption auf

---

[51] siehe Arendt, Hannah: Menschen in finsteren Zeiten. S.53
[52] Arendt, Hannah: Menschen in finsteren Zeiten. S.53

einer historischen Zusammenhörigkeit von Territorium, Volk und Staat beruht."[53]

Der Nationalstaat kann fremde Bevölkerungen nicht integrieren, sondern nur assimilieren (meistens mit Zwang). Letztlich scheitert aber auch der Imperialismus an seiner nicht vorhandenen politischen Konzeption; er war letztlich nur das Produkt eines ökonomischen Denkens aus dem Bereich der geschäftlichen Spekulation. Die Expansion richtet sich auf die dauernde Erweiterung der industriellen Produktion, die Integration der neuen Länder in den Nationalstaat oder in ein neu zu definierendem Reich, wurde dabei zum politischen Problem. Denn dem imperialistischen Staat fehlte eine Legitimität aus dem Volkskörper, der Nation, heraus.

Die Nationalstaatskonzeption wirkte zudem kontrafaktisch auf die eroberten Länder. Die Eroberer erweckten das Nationalbewusstsein in den eroberten Völkern häufig erst und damit den Anspruch auf Selbstherrschaft. „Alle nationalen Versuche, Reiche von Bestand zu bilden, sind an diesem Widerspruch gescheitert und haben die Nationalstaaten in tödliche Widersprüche verwickelt." (EU 316)

Das Dilemma des Nationalstaates besteht darin, dass, sobald er etabliert ist, er die Kraft zur friedlichen Assimilierung von anderen Territorien verliert, die den französischen Königen noch bei Burgund oder der Bretagne gelang, dem englischen Könighaus bei den Iren allerdings nicht mehr. Letztlich bleibt dann nur noch die Kolonialisierung durch englische Kolonisten, die auch in Indien oder Südafrika immer noch Engländer blieben. Das Römische Imperium hat dagegen eine Assimilierung nicht

---

[53] ebenda

über Besatzer, sondern über das römische Recht erfolgreich umgesetzt.[54]

Auch hier gilt es zu beachten, Arendt geht es nicht um die reale Existenz von Nationalstaaten, sondern immer um das Konzept selbst. Das französische Konzept des Nationalstaates in der Französischen Revolution ging von einer Volksouveränität aus und das Volk wurde als Zusammenfassung aller Staatsbürger angesehen. Dieses Denken in politischen Modellen und nicht in metaphysisch Herbeiphantasiertes gilt auch für den nächsten Punkt, die Auflösung der Klassengesellschaft. Auch da geht es um das Konzept Klassen und ihr reales soziales Selbstverständnis und nicht um die „objektive" Stellung in den Produktionsverhältnissen, die für Marxisten die ideologische Grundlage für das Paradigma Klassenkampf bildet.

---

[54] Hannah Arendts Wunschvorstellung für ein jüdisches Volk in Palästina ist daher so was wie ein transnationales Reich rund ums Mittelmeer, indem alle Völker per Recht integriert sind.

4. Racism (Rassismus)

Für Hannah Arendt ist der moderne Rassismus im Unterschied zum Antisemitismus eng mit Imperialismus und Kolonialismus verknüpft, denn dort verband er sich mit der Darwin'schen Evolutionstheorie.

Kolonialismus und Rassismus

Die brutale Unterdrückung der schwarzen Bevölkerung in den afrikanischen Kolonien, die den mehr oder weniger demokratischen Regimen in Europa verfassungsrechtlich diametral entgegengesetzt war, brauchte eine plausible Begründung.[55] Diese Begründung fand man im Versuch, „die Menschheit in Herren- und Sklavenklassen, in *„higher and lower breeds"*, in Schwarze und Weiße (…) einzuteilen". (EU 289) Die konstruierte Minderwertigkeit einer fremden Bevölkerung, die man ausbeuten wollte, bekam einen Namen, „Rasse". Schwarze wurden zu „Schatten" gemacht, auf denen man rumtrampeln konnte und deren Ermordung kein Mord war, da es sich nicht um Menschen handelte. „Man mordete keinen Menschen, wenn man einen Eingeborenen erschlug, sondern ein Schemen, an dessen lebendige Realität man ohnehin nicht glauben konnte, und man handelte nicht in eine Welt hinein, sondern in »ein bloßes Spiel von Schatten. Ein Schattenspiel, durch das die herrschende Rasse unberührt und unbemerkt hindurchschreiten konnte im Verfolg ihrer eigenen unverständlichen Ziele und Absichten«. Diese schemenhafte Welt erwies sich als eine unübertreffbare Kulisse für diejenigen, die der Zivilisation und damit der Wirklichkeit und Verantwortlichkeit ihrer eigenen Welt entronnen waren. Inmitten einer dem Menschen durchaus feindselig

---

[55] Arendt erwähnt die Bedeutung des transatlantischen Sklavenhandels für Rassismus leider nicht, auf dem Auge ist sie blind. Das schmälert aber ihre Analyse „nur" historisch, nicht analytisch.

gegenüberstehenden Natur und unter einer erbarmungslosen Sonne waren sie auf Wesen gestoßen, die weder Vergangenheit noch Zukunft, weder Ziele noch Leistungen kannten und ihnen daher genauso unverständlich blieben wie die Insassen eines Irrenhauses." (EU 445)

Waren die Kolonialisierung und der Rassismus ursprünglich Begründungen für die Legitimität ökonomischer Expansion und Ausbeutung, so zeigt das Beispiel der Buren in Südafrika, dass ökonomische Gründe auch verzichtbar waren. Das Rasse-Motiv hatte sich verselbstständigt. Die Buren setzen auf eine strikte Trennung der Rassegesellschaft, die Apartheit. Schwarze wurden aus allen auch nur etwas höher qualifizierten Arbeiten ausgegrenzt. Sie durften noch nicht einmal Maschinen bedienen. Damit wurde der eigentliche Rohstoff Südafrikas, das Übermaß an billiger, eingeborener Arbeit auf die Arbeit im Bergbau, in der Landwirtschaft und als Dienstboten für die Buren beschränkt. Völlig unkapitalistisch. Die Buren waren nur daran interessiert, ihre „Vorherrschaft des Blutes" politisch abzusichern und verzichteten deshalb auf andere Ausbeutungspotentiale.

Der Rassenantisemitismus

Eine direkte Verknüpfung zwischen Rassismus und Antisemitismus entwickelte sich auch zuerst im Südafrika unter der Burenherrschaft. Hier wurden die Juden, wie übrigens auch Inder und Chinesen, zum ersten Mal in eine Rassengesellschaft geworfen. Und da sie zu Beginn der imperialistischen Entwicklung als Finanziers eine wichtige Position einnahmen, war es nur folgerichtig, dass die Buren sie als Feinde betrachteten und in ihr rassistisches Weltbild einordneten. Sie wurden als eine gesonderte Rasse angesehen, die sich von allen anderen Weißen unterschied. Da diese Unterscheidung sich aber nicht an der Hautfarbe festmachen konnte, wurde dieses „Problem" als

„teuflisches Prinzip" interpretiert. Der Rassenantisemitismus äußerte sich dann in Zuschreibungen wie „weißer Neger"[56].

Die völkischen Bewegungen in Europa

In Russland und Österreich-Ungarn, den Vielvölkerreichen, die keine exterritoriale Expansion in Überseereiche hatten, entwickelte sich ein völkischer, rassistischer Nationalismus, der ideologisch von den Panbewegungen, Panslawismus und Pangermanismus gefüttert wurde. Diese Bewegungen waren Ausfluss der zurückgebliebenen nationalen Emanzipation in diesen Vielvölkerreichen im Unterschied zu den westeuropäischen Nationalstaaten Frankreich und England, das Deutsche Reich von 1871 bildete da eine Grauzone.

Der völkische Nationalismus geht weit über ein nationalstaatliches Territorium hinaus, ihm geht es letztendlich um die Weltherrschaft der eigenen Ethnie. Damit hatte man einen wirkungsvollen Ersatz für das Freund- Feindschema des Hautfarbe-Rassismus gefunden. Alles wird an den fingierten Maßstäben des angeblich homogenen „Blutes" gemessen. An die Stelle des jüdisch-christlichen Gottes und der Vorstellung, dass alle Menschen von einem Paar abstammten, trat die Natur als Menschenbildner. Kronzeuge dafür war die Evolutionstheorie von Charles Darwin. Man identifizierte sich mit einem erweiterten biologischen Stammesbegriff von Völkern und Nationen oder Rassen, die miteinander konkurrierten. Dieser Prozess der Säkularisierung, die Natur ersetzt Gott, wurde gleichzeitig durch einen schwülstigen Pseudomystizismus metaphysisch aufgeladen. Aus Russland wird das „Heilige Russland", aus

---

[56] Seltsam wirkt daher auch der stark vom ANC, der ehemaligen Befreiungsbewegung in Südafrika, forcierte Antisemitismus gegen den Staat Israel, der nun als weißer Kolonialstaat firmiert, quasi als die neu Burenherrschaft.

den verstreuten deutschen Kleinstaaten wird das (mittelalterliche) „Heilige Römische Reich Deutscher Nation". Man identifiziert Völker nach dem Modell zoologischer Gattungen, so dass ein Russe sich nun von einem Deutschen nicht anders unterscheidet als ein Wolf von einem Fuchs. Die Regeln aus dem Tierreich werden zu Gesetzen menschlicher Politik gemacht. Heute ist klar, dass es keine menschlichen Rassen gibt, aber trotzdem gibt es weiter Rassismus. Der wird nun allerdings nicht mehr biologisch begründet, sondern „identitär".

Alldeutsche und Panslawisten waren sich einig, dass man dazu berufen sei, das Land (im Unterschied zu den Meeren) zu beherrschen. Alles sollte germanisch, alles sollte slawisch werden. Aus dem Adjektiv „pan" wird dann später total. Es ging nie um den Nationalstaat, man war antistaatlich und wollte die Welt beherrschen. Der liberalen Weltanschauung und demokratisch, republikanischen Institutionen begegnete man mit Abscheu und offen ausgesprochener Verachtung.

Die Stärke des russischen Volkes wurde zum Beispiel von den Slawophilen darin gesehen, dass es völlig unpolitisch sei und sich für die Regierungsarbeit nicht interessiere und die Souveränität des nationalen Volkswillens im westlichen Sinne ablehne; denn „wenn das Volk Herrscher ist, wenn das Volk Regierung ist, dann gibt es kein Volk". In diesem Sinne galten die Russen für die Panslawisten als „staatsloses Volk". Was diese beiden letzten Despotien Russland und Österreich-Ungarn von den westlichen Verfassungsstaaten unterschied, war, dass sie Nationalitäten-Reiche und keine Nationalstaaten waren, aber vor allem, dass die Beamtenschaft direkt an der Regierung beteiligt war. Die Vorteile bürokratischer Herrschaft für große Reiche mit heterogener Bevölkerung, die man unterdrücken muss, will man sie überhaupt zusammenhalten, liegen auf der Hand. (EU 518) Da die Parteien für den Staatsapparat keine Rolle spielten und auch die Parlamente keine legislativen

Aufgaben zu erfüllen hatten, vollzog sich die absolute, das heißt weder durch das Gesetz noch durch den Volkswillen eingeschränkte Herrschaft in bürokratischen Formen. (EU 516)

Die Verachtung der Legalität ist für alle Pan-Bewegungen kennzeichnend, die sich auch dadurch von den Parteien der Nationalstaaten unterscheiden. Die österreichischen Alldeutschen bekannten sich zum Pangermanismus oder Panteutonismus und waren für die Nazis (Hitler) von großer Bedeutung. Als ethnische Minderheit im Habsburg-Reich, waren sie antihabsburgisch. Ihr „Rassismus" zeigt sich deutlich in der Vorstellung, „die unter uns lebenden Europäer fremder Stämme, also Polen, Tschechen, Juden, Italiener usw. zu (einer) Helotenstellung zu verurteilen", analog der Stellung, die der überseeische Imperialismus in fremden Erdteilen den Eingeborenen zugedacht hatte. Falls das nicht möglich wäre, dachte man auch über den Import von Sklaven nach.[57]

Im Imperialismus wurden also sowohl der Rassenwahn gegen Menschen anderer Hautfarbe wie auch der völkische Rassismus auf der Grundlage von Ethnien entwickelt. Zudem entwickelte sich in den Kolonien eine Herrschaft der Bürokratie, für die nicht die Gesetze des Mutterlandes maßgeblich waren, sondern sie herrschte anonym über Verordnungen. Arendt nennt das „Herrschaft des Niemand". Was in Deutschland das Gesetz verbat, war in Südwestafrika und Deutsch-Ostafrika legal. Beides taucht dann bei den Nazis, Rassenwahn und Herrschaft über Verordnungen, wieder auf und zwar mit einem weit höheren Macht- und Zerstörungspotenzial.

---

[57] Ich bin gespannt, wer als erster diesen Tabubruch initiiert?

5. Antisemitism (Antisemitismus)

Hannah Arendt gibt einen historischen Überblick über verschiedene Formen des Judenhasses. Sie unterscheidet dabei zwischen dem religiösen Antijudaismus und dem modernen Antisemitismus. Der Antijudaismus zog seine Anziehungskraft aus der Konkurrenzsituation zwischen Religionen wie Christentum und Judentum. Juden teilen das Neue am Christentum, die Erlösungsfunktion Jesus Christus, nicht und damit wurden sie allein durch ihre Existenz eine Gefahr für die Geltung der christlichen Botschaft. Diese „Feindschaft" konnte allerdings jederzeit „religiös" gelöst und durch den Beitritt zum Christentum, durch die Taufe, beseitigt werden.

Das änderte sich nach der Entstehung der Nationalstaaten, da wurden Juden nicht mehr als „Christusmörder" oder ähnliches angegriffen, sondern, weil sie nicht Teil des ethnisch homogenen Nationalvolks waren. Da die Nationalstaaten sich als ethnisch homogenes Volk konstruierten, waren die Juden eine Gruppe, die außerhalb des eigenen Volkes steht und ab da war es möglich, einen unversöhnbaren Gegensatz zwischen Juden und dem eigenen Volk zu konstruieren. Ein Ausweg, wie die Konvertierung, war nicht mehr vorstellbar. Verschärft wurde dieser Gegensatz durch die Konstruktion als differente Rasse.

Der Antisemitismus und der Nationalstaat

Für Arendt, und das ist ihr origineller Ansatz, ist der moderne Antisemitismus zentral mit der Nationalstaatsentwicklung verknüpft. Das gilt sowohl für die Aufstiegsphase wie auch für den Niedergang des Nationalstaatsprinzips. In der Aufstiegsphase der Nationalstaaten, also im Zeitalter des Absolutismus, entwickelten die absoluten Herrscher den Anspruch, über den Klassen und ihren Interessen zu stehen und die Nation als

Ganzes zu vertreten. Für den Aufbau eines neuen Staatsapparats brauchten sie viel Geld und da boten sich die jüdischen Finanziers (Hofjuden) an, da sie in der Lage waren staatliche Anleihen auch bei hohem Risiko zu finanzieren. Diese Verknüpfung der Hofjuden mit den Monarchen führte dazu, dass das Judentum insgesamt von Adel und Bürgertum quasi als Teil des neuen Staatsapparats angesehen wurde. Kämpfe gegen den absolutistischen Staat oder den absolutistischen Monarchen, ob vom Adel oder vom Bürgertum, wurden deshalb häufig stellvertretend gegen die Juden ausgefochten. Die Judenpogrome dieser Zeit waren daher nicht mehr religiös motiviert, sondern eigentlich Konflikte zwischen Staat und Adel oder zwischen Staat und Bourgeoisie. Solange der Nationalstaat intakt war, blieb es bei überschaubaren antisemitischen Exzessen.

Mit dem Niedergang der Souveränität der Nationalstaaten als Folge der imperialistischen Expansion verloren die Nationalstaaten ihre Bindungsfähigkeiten nach innen. Gleichzeitig wurde die Stellung der Juden parallel zur Schwächung des Nationalstaates unsicher und es entwickelten sich rassistisch- antisemitische Bewegungen. Das ist für Arendt ein Beleg für ihre Hypothese, dass es einen Zusammenhang zwischen dem Siegeszug der Ideologie des Antisemitismus und der Schwächung des Nationalstaates geben könnte. Für diese Hypothese findet sie eine Parallele in den Analysen Tocquevilles zur Französischen Revolution. Tocqueville sah die Angriffe auf den Adel durch die französischen Revolutionäre in der Schwäche des französischen Adels begründet. In der Zeit vor dem Sturm auf die Bastille wuchs der Hass auf den Adel proportional zur Schwächung des Adels durch den französischen König.

Dieser Zusammenhang, so Arendt, kann auch bei der Entstehung des Hasses auf die Juden angenommen werden, denn die gesellschaftliche Stellung und der politische Einfluss der Juden waren geschwächt. Ende des Jahrhunderts verloren die jüdischen Finanziers ihre Monopolstellung zur Finanzierung der Staatsfinanzen und wurden durch „normale" Geschäftsbanken ersetzt. Den letzten Krieg, der von Juden finanziert wurde, war der Krieg von Preußen gegen Österreich 1866. Danach waren die Juden nicht mehr als alleinige Finanziers des Staatsapparats gefragt, sondern „nur noch" wegen ihrer internationalen Kontakte. Konstitutiv für diese Schwächung war dabei, nach Meinung Arendts, auch ein Desinteressement der Juden an Macht (EU 76). Die Juden verstanden sich nicht als eigenständige Klasse, noch als Teil einer Klasse, sondern agierten eher wie eine Beamtenschaft, die loyal zu jedem Herrscher steht. Das führte zu vielen Missverständnissen, da Nicht-Juden naiv unterstellten, dass jedermann genauso sein müsse wie man selbst. So wurde dem Haus Rothschild vor 1914 unterstellt, da es kein wirtschaftliches Interesse an einem europäischen Krieg haben könnten, würden sie ihn verhindern. Es verhielt sich aber loyal wie die Beamtenschaft ihren jeweiligen Regierungen gegenüber.

„Die Anomalie des jüdischen Verhältnisses zum Staat lag in der Tatsache, dass hier ein Volk in eine politische Rolle gedrängt wurde, das selbst keine politische Repräsentanz hatte. Diese Anomalie blieb immer die gleiche, ganz unabhängig davon, welches Volk und welche Staatsform die jeweilige Regierung repräsentierte oder welche Politik sie machte. Als Fremde und aufgrund ihrer politischen Traditionslosigkeit wussten die Juden weder etwas von dem Unterschied zwischen Volk und Regierung noch von der nationalstaatlichen Spannung zwischen Staat und Gesellschaft. (…) Ihr politisches Verhalten bestimmte sich nach den Erfahrungen, die sie erst unter dem Schutz des Römischen Reiches gemacht hatten, und dann im Mittelalter, als ihnen Existenz und Schutz entweder von Kaiser und Reich oder von Rom und der Kirche mehr oder minder garantiert waren. Diese Erfahrungen hatten sie eines gelehrt: Es war besser und sicherer, von den höchsten Autoritäten abzuhängen, als auf lokale Behörden verwiesen zu sein, und die eigentliche Gefahrenquelle ist immer das gemeine Volk."(EU 73)

Die rechtliche Gleichstellung der Juden, ja, sogar ihre zunehmende Assimilation an das deutsche Bürgertum, war zudem nicht etwa mit einer tatsächlichen größeren Integration in die Mehrheitsgesellschaft verbunden, wie man erwarten würde, sondern, je weiter die Angleichung der Lebensverhältnisse ging, desto größer erschienen den Nicht-Juden die Unterschiede. Das hatte noch keine politischen Konsequenzen, sondern vergiftete erstmal nur die gesellschaftliche Atmosphäre. Es war auch deshalb noch nicht so brisant, weil es eine egalitäre Massengesellschaft, in der persönliche Konkurrenz eine größere Rolle spielte, noch nicht gab. Europa war immer noch im Wesentlichen eine in Klassen organisierte Gesellschaft, zu der man qua Geburt gehörte. Erst im 20. Jhdt. änderte sich das dadurch, dass sich eine Massengesellschaft herausbildete. Neu war daran, dass sich, zum ersten Mal in der Menschheitsgeschichte, alle Menschen allen Menschen ohne den Schutz des sozialen Eingemauertsein in Klassen und religiösen Ideologien gegenübergestellt sahen.

Die Mobilisierung des Mobs

Ebenfalls Ende des neunzehnten Jahrhunderts kann man an der Dreyfus-Affäre ein neues Phänomen der Mobilisierung über Judenhass feststellen. Antisemitismus war offenbar bestens dafür geeignet, den Mob zu mobilisieren. Unter Mob versteht Hannah Arendt klassenübergreifend alle Deklassierten. Der Mob ist als politisches Subjekt nicht handlungsfähig, da er keine eigenen Interessen formulieren kann, denn er setzt sich aus allen Klassen zusammen. Er kann nur akklamieren oder steinigen. [58] Der Mob hasst die Gesellschaft aus der er sich ausgeschlossen fühlt und lehnt die politische Repräsentanz im Parlament ab, da er sich nicht vertreten fühlt. Da Ende des 19. Jahrhunderts das Problem der Massenarbeitslosigkeit noch nicht bestand, bildeten den Mob hauptsächlich ruinierte mittelständische Existenzen. Ein Mob braucht ein Feindbild und da kommt der Antisemitismus ins Spiel, er war die politische Idee, die den Mob auf die Beine brachte. Das zeigte sich exemplarisch in der Dreyfus-Affäre u.a. in den Parolen: „Tod den Juden! Frankreich den Franzosen!"

Ein wichtiges Element des dort artikulierten Antisemitismus war neben der Rassekonstruktion der Vorwurf, dass „Juden" im Hintergrund, in Geheimgesellschaften, eine Weltverschwörung planten, das wurde damals auch den Jesuiten und Freimaurern vorgeworfen. Man verdächtigte sich gegenseitig der Verschwörung. Der Verschwörungsglaube hat besonders viel vorgebliche Plausibilität, weil er nicht bewiesen werden muss, sondern anknüpft an private Erfahrungen von Intrigen, die im Verborgenen stattfinden. Hier wird ein unsichtbarer, verborgener Jude konstruiert, gemeint sind aber „die da oben", das Establishment. Dieser Hass gründet in einem Unterlegenheitsgefühl und richtet sich gegen „die, da oben". Der Rassismus dagegen konstruiert in der Regel eine Überlegenheitsposition, die sich auf scheinbar äußere Erkennbarkeit wie Haut- oder Haarfarbe fokussiert und richtet sich gesellschaftlich nach unten. Beide zusammen, Rassismus und Antisemitismus, werden jedoch, wenn sie kombiniert werden, zu einer giftigen Mischung.

Als die Dreyfus-Revisionsprozesse begannen, fanden antisemitische Pogrome statt, gesteuert teilweise vom militärischen Generalstab und dabei trat ein neues Phänomen auf. Die Anführer

---

[58] Social Media-Plattformen machen sich das zunutze.

des Mobs, meistens eher aus dem Milieu der Unterwelt, wurden als Helden verehrt und zwar von Seiten der guten Gesellschaft und der Elite. Man bewunderte die „Vitalität" und „ursprüngliche Kraft" der Gangster. Diese antisemitischen Pogrome waren, und auch das blieb in Erinnerung, nicht Ausbruch des Zorns, sondern gezielt gesteuert. Das sieht man daran, dass die Pogrome sehr schnell durch eine Amnestie Dreyfus beendet wurden als den Franzosen klar wurde, dass eventuell die Weltausstellung 1900 wegen des Falles international boykottiert werden könnte. In der Folge löste sich auch der klerikale Antisemitismus auf, weil die Kirche die für den neuen Antisemitismus nötige Radikalität, die Vernichtung der Juden als Programm, nicht mitgehen konnte. Der französische Antisemitismus blieb auch im 20. Jahrhundert bei den oben beschriebenen Strukturen der Instrumentalisierung der Judenfeindschaft als Teil der Klassenauseinandersetzung bestehen. „Trotz der so modern anmutende Mob-Brutalität, die die Vorgänge der Dreyfuss-Zeit charakterisiert, haben die französischen Antisemiten niemals irgendwelche supranationalen Ziele verfolgt. Wie alles in Frankreich blieben sie im Rahmen der Nation, die eben von Anfang bis Ende die „nation par exellence" war."(EU 121) Der deutsche Antisemitismus der Nazis kannte diese Rücksichtnahmen nicht, weil er nie national orientiert war.

Der Antisemitismus als Joker

Antisemitismus ist für Hannah Arendt ein Produkt der Krise der Moderne, und die zeigt sich in der Schwächung des Nationalstaates sowie der Auflösung der Klassengesellschaft in eine anonyme Massengesellschaft von isolierten Individuen. Antisemitismus löste sich dabei sowohl von den alten religiösen Gegensätzen wie aber auch von der konkreten Stellung konkreter Personen (Hofjuden) im Machtgefüge des Staates. Und trotzdem zeigte sich, dass der Antisemitismus sogar losgelöst von

spezifischen Erfahrungen mit Juden als politische Waffe geeignet war. „Und diese Erfahrungslosigkeit des Judenhasses, dass es gewissermaßen gar keiner Juden mehr bedurfte, um den Hass auf sie loszulassen, ist es, was den Antisemitismus des 20. von dem des 19. Jahrhunderts unterscheidet." (EU 546)
Je unkonkreter der Antisemitismus war, umso gefährlicher für Juden. Der neue rassistisch begründete Antisemitismus ist von herausragender Bedeutung für totalitäre Ideologie einfach deshalb, weil er funktionierte.

„Totalitäre Politik ist keineswegs einfach antisemitisch oder rassistisch oder imperialistisch oder kommunistisch, sie gebraucht und missbraucht vielmehr ihre eigenen ideologischen und politischen Elemente solange, bis die reale Tatsachenbasis, aus der die Ideologien anfänglich ihre Stärke und ihren Propagandawert bezogen haben – die Realität des Klassenkampfes z.B. oder die Interessengegensätze zwischen Juden und ihren Nachbarn -, so gut wie verschwunden ist."(EU 26)

Der Antisemitismus radikalisiert sich im Verschwinden des Besonderen. Es verschwindet nicht nur die Unterscheidung zwischen einem gesellschaftlichen und politischen Antisemitismus, sondern „der Jude" wird zum Abstraktum und damit zu einem Nicht-Lebendigen gemacht. Der moderne supranationale Antisemitismus ist auch deshalb eine tödliche Gefahr für alle Juden, denn er braucht keine nationalen Rücksichten mehr nehmen. Dies macht ihn für eine Bewegung, die auf die Zerstörung der nationalen Grenzen angelegt ist, so attraktiv. Der Jude wird zum Weltfeind, dessen Beseitigung alle anderen Probleme mitbeseitigen wird. Anklänge davon haben die sogenannten Campus-Besetzungen von linken, amerikanischen Studenten. Das verrückte daran ist, dass diese faktisch eine rechte terroristische Organisation wie die Hamas stärkt. Der Antisemitismus passt aber offensichtlich sehr gut zu dem vermeintlichen Kampf gegen Rassismus, der gegen das Establishment gerichtet sein soll. Immer wieder dasselbe! Eine Erklärung ist, es gibt, und auch das ist neu, so etwas wie einen Judenhass ohne Juden. Sartre sagte dazu, wenn es keine Juden geben würde, würde man sie erfinden. Dem Antisemiten wie auch dem Rassisten kommt es auf das eigenen Vorurteil an, nicht auf die konkrete Erfahrung mit Juden oder Fremden.

Der Antisemitismus wird so zu einem Joker im politischen Spiel, der immer dann eingesetzt werden konnte, wenn konkrete Themen zur Destabilisierung der bestehenden rechtstaatlichen Ordnung gerade fehlten. Der Antisemitismus wird so genau das, was er zu sein vorgibt: eine tödliche Gefahr für Juden und sonst nichts. (EU 38) Wenn diese Analyse richtig ist, dann wird schnell klar, dass es nicht ausreicht, Antisemitismus als Menschenrechtsproblem zu bekämpfen, sondern man muss an die jeweils dem Judenhass zugrundeliegende Ideologie ran.

II. Vita activa gegen den Hass

Nach „Elemente und Ursprünge totaler Herrschaft" kreist Hannah Arendts Denken darum, das Politische neu zu denken. Nicht als Selbstzweck, sondern als Schlüsselelement, ideologischen Hass schon zu bekämpfen, bevor er überhaupt auftritt und neue soziale Strukturen gegen die Verlassenheit zu schaffen. Und das sind genau die Fragen, die uns heute wieder beschäftigen

Ideologien, gleich welchen Inhalts, haben die unangenehme Eigenschaft, für Kritik an ihren Prämissen unempfindlich zu sein. Diese Denkblockaden produzieren irrationale Reaktionen wie Hass oder Gewalt. Ideologien lassen sich nicht auf derselben Ebene durch Fakten oder durch besseres Erklären erschüttern, sondern nur indem man einen Schritt zurückgeht. Daher bringt es nichts, die Ideologie als Ideologie zu kritisieren, Hass mit Hass zu beantworten oder Gewalt mit Gewalt zu bekämpfen. Man muss den Versuch machen, so verstehe ich Hannah Arendt, Menschen die Möglichkeit zu geben, sich ein neues Bild von der Wirklichkeit im Abgleich mit anderen Sichtweisen auf dieselbe Wirklichkeit zu machen. Dieser Abgleich braucht eine Face-to-Face–Kommunikation in öffentlichen Räumen, die das politische Sprechen und Handeln mit Mitmenschen ermöglichen. Eine Kommunikation über Social-Media ist da nicht hinreichend. Die anwachsenden Social-Media-Abteilungen der politischen Parteien reproduzieren letztlich nur die Eindimensionalität des Denkens, welches sie vorgeblich ja zu bekämpfen dachten. Es ist nur bessere oder schlechtere Propaganda.

Gerade diejenigen, die dabei sind ins Unpolitische auszusteigen oder schon ausgestiegen sind, müssen in die Lösung der anliegenden Probleme konkret eingebunden werden. Nur bei konkreten Inhalten, genauer nur mit einer Meinung über konkrete Inhalte, kann man seine Meinung ändern. Anders ausgedrückt, nur wer eine Meinung hat, kann sie auch ändern. Dazu braucht es offensichtlich neue politische Mitmachmöglichkeiten. Das zu organisieren ist sicher schwierig und langwierig, vielleicht auch nicht besonders effektiv, aber gibt es eine bessere Idee?

Hannah Arendt erzählt eine positive Geschichte des Gelingens. Entscheidend dabei ist die Zielvorgabe, dass die Isolation des Selbst aufgehoben wird und dem Menschen sein Vertrauen in die Welt zurückgegeben wird. Dieses Gelingen ist allerdings kein Selbstlauf, sondern hängt an dem seidenen Faden, ob es gelingt ein neues Verständnis von Freiheit und Politik für alle praktisch zu verankern.

Bevor ich zu aktuellen Lösungsvorschlägen komme, sollen in diesem Teil die theoretischen Grundlagen dafür vorgestellt werden, dass es sich lohnt, über das Geländer eingefahrener Politik zu steigen. Genauso wie in Teil eins soll hier die Sicht Hannah Arendts auf die Welt und auf das Politische dargestellt werden, um daraus konkrete Politik heute entwickeln zu können. Die Verknüpfung von persönlichen Erfahrungen und theoretischem Wissen bei Hannah Arendt gilt es nutzbar zu machen für aktuelle Debatten. Thomas Meyer hat dazu das treffende Arendt-Zitat: „Ich glaube nicht, dass es irgendeinen Denkvorgang gibt, der ohne persönliche Erfahrung möglich ist. Alles Denken ist Nachdenken, der Sache nach-denken."[59]

---

[59] Meyer, Thomas (2023): Hannah Arendt, S. 25

Hannah Arendt wurde 1906 in Hannover geboren, wuchs in Königsberg auf, studierte in Marburg bei Heidegger und Bultmann, dann in Heidelberg bei Jaspers, bei dem sie auch promovierte. 1933 gelang Hannah Arendt mit Glück die Flucht nach Frankreich. Dort engagierte sie sich als „Aktivistin" (Thomas Meyer) für die Auswanderung von jüdischen Kindern und Jugendlichen nach Palästina. Getreu ihrem Motto: wenn ich als Jude angegriffen werde, muss ich mich als Jude verteidigen. Obwohl sie 1937 bereits ausgebürgert worden war, wurde sie 1940 von der französischen Regierung als feindliche Ausländerin interniert und ins Frauenlager Gurs deportiert. In dieser Zeit als rechtlose, staatenlose deutsche Jüdin dürfte sie selbst erfahren haben, was, wie oben beschrieben, eines der Kernelemente für totalitäre Herrschaft war: die Verlassenheit, das Verschwinden aus der Gemeinschaft mit Menschen.

Der politische Hintergrund war, so ihre Überzeugung, der Verlust an Rechten durch die Staatenlosigkeit. Auch das hat sie ein Leben lang beschäftigt und so kam ihre berühmte Forderung zustande: Der Mensch braucht das Recht, Rechte zu haben. Ohne grundlegende Rechte waren Flüchtlinge, wo immer sie hinkamen, allenfalls geduldet. Im Chaos nach der deutschen Besatzung Frankreichs floh sie entschlossen aus dem Lager und landete 1941 über Lissabon mit ihrem zweiten Mann Heinrich Blücher in New York. In New York engagierte sie sich in der jüdischen Zeitschrift „Aufbau" für eine jüdische Selbstbefreiung auch mit militärischen Mitteln. Sie forderte eine jüdische Armee gegen Nazi-Deutschland. In ihren Texten trat sie für ein föderiertes Europa der Völker und die Auflösung der Nationalstaaten ein. Dann könnten die Juden als »Volk ohne Territorium« dort eine eigenständige Repräsentation haben. Dieses Modell präferierte sie auch für Palästina, welches am besten nur ein Teil eines föderierten Mittelmeerraumes analog zum Imperium Romanum sein sollte.[60]

Neben dieser persönlichen Erfahrung mit Antisemitismus, Staatsterror, Flucht und Staatenlosigkeit hat ein Ereignis sie nachhaltig geprägt. Die Erschütterung über „Auschwitz". Ihre intensive Auseinandersetzung mit dem Verstehen von oder besser Nicht-Verstehen von „Ausschwitz"[61] lässt sich konkret terminieren. Die deutsche Jüdin Hannah Arendt hatte das Glück, 1933 aus Deutschland und dann auch aus Frankreich nach New York fliehen zu können. Dort mochte sie die ersten Nachrichten von den Vernichtungslagern zunächst nicht glauben. „Das Entscheidende ist der Tag gewesen, an dem wir von Auschwitz erfuhren. (…) Zuerst haben wir es nicht geglaubt. (…) und dann haben wir es ein halbes Jahr später doch geglaubt, weil es uns bewiesen wurde. Das ist der eigentliche Schock gewesen. (…) Das war wirklich so, als ob der Abgrund sich öffnet."[62]

Seitdem kreist ihr Denken darum, diesen Abgrund auszuloten, um zu verstehen, was da an Ungeheurem passiert ist und um zu verhindern, dass es sich wiederholen kann. „Verstehen heißt (..), die Last, die unser Jahrhundert uns auferlegt hat, untersuchen und bewusst (sic!) tragen – und zwar in einer Weise, die weder deren Existenz leugnet noch sich unter deren Gewicht duckt. Kurz gesagt: Verstehen heißt unvoreingenommen und aufmerksam der Wirklichkeit, wie immer sie ausschauen mag, ins Gesicht sehen und ihr widerstehen."[63] Dieses Verstehen-Wollen war selbst bei denen, die von diesem Terrorsystem

---

[60] Arendt, Hannah. Vor Antisemitismus ist man nur noch auf dem Monde sicher: Beiträge für die deutsch-jüdische Emigrantenzeitung »Aufbau« 1941–1945 (S.199-202)
[61] Hier als Sammelbegriff für die Shoa benutzt.
[62] Arendt, Hannah: Ich will verstehen. Gespräch mit Gaus. S. 61
[63] Arendt, Hannah: Ich will verstehen 13

direkt tödlich betroffen waren, nicht selbstverständlich. Ein Bewohner des Warschauer Ghettos schrieb für die Nachwelt auf, dass die meisten Juden im Ghetto nicht glauben wollten, dass man mehrere Hunderttausende Menschen ermorden kann. „Doch als wir das dann endlich verstanden hatten, war das Gefühl, das uns am meisten zusetzte, die Scham über die eigene Naivität".[64]

Hannah Arendt war klar, dass Denken und Verstehen keine bloßen Funktionen des Gehirns als biologisches Organ sind, noch dass sie vom einzelnen Subjekt Mensch geleistet werden können, sondern wesentlich komplexer zustande kommen. Kognition ist unlösbar mit der Wirklichkeit verknüpft, und die wird ständig neu im Reden über die Wirklichkeit, über die Welt konstruiert. Verstehen und Denken sind unlösbar verknüpft mit dem interpersonalen Dialog zwischen Menschen und nachgeordnet erst im Denken, als Dialog mit sich selbst.

Menschen gibt es nur im Plural

Wenn man wissen will wie Menschen ticken, dann sollte man sich klar darüber werden, was das Spezifische der Menschen ist. Hannah Arendt versucht jedoch erst gar nicht, die Frage „Wer ist der Mensch?" durch eine neue Spekulation anzureichern. Ihrer Meinung nach kann die Spezies Mensch keine allgemein gültigen Aussagen zu der Frage machen, weil es den Menschen als homogenen Typus gar nicht gibt. „Für Menschen heißt Leben - wie das Lateinische, also die Sprache des vielleicht zu tiefst politischen unter den uns bekannten Völkern, sagt - so viel wie »unter Menschen weilen« (inter homines esse)

---

[64] Zitiert nach Süddeutsche Zeitung vom 29.6.2023, Kultur, Jörg Hantzschel: „Warum müssen wir so sehr leiden?", über eine Ausstellung aus dem Untergrundarchiv des Warschauer Ghettos im NS-Dokumentationszentrum München

und Sterben so viel wie »aufhören unter Menschen zu weilen« (desinere inter homines esse). Hiermit stimmt die Bibel in gewissem Sinne überein, sofern in einer der Versionen der Schöpfungsgeschichte Gott nicht den Menschen erschuf, sondern die Menschen: „und schuf sie einen Mann und ein Weib."[65] (VA 17)

Dieser im Plural erschaffene Mensch unterscheidet sich prinzipiell von jenem Adam, den Gott »aus einem Erdenkloß« machte, um ihm dann nachträglich ein Weib zuzugesellen, das »aus der Rippe« des Menschen erschaffen, Bein von seinem Bein und Fleisch von seinem Fleisch war. „Hier ist die Pluralität den Menschen nicht ursprünglich zu eigen, sondern ihre Vielheit ist erklärt aus Vervielfältigung." (VA 17)[66]

Der zentrale Begriff für Hannah Arendts Sicht auf die Menschen ist seine Pluralität. Menschen gibt es nur im Plural, das ist ein Fakt, der Folgen hat. Wie jede andere Spezies sind Menschen in ihrer Art, in ihrer Grundstruktur gleich. Diese Gleichartigkeit ist wie bei Tieren und auch Pflanzen die Voraussetzung dafür, dass man sich unter seinesgleichen über existenzielle Dinge wie Hunger, Durst, Zuneigung, Ablehnung, Gefahr oder Furcht, die alle angehen, verständigen kann. Aber Menschen sind gleichzeitig auch verschieden und besonders und brauchen deshalb, um diese Verschiedenheit für sich wie für die Gemeinschaft nutzbar zu machen, eine Fähigkeit, die nur Menschen eigen ist: Sprechen und Handeln. „Ohne Verschiedenheit, das absolute Unterschiedensein jeder Person von jeder anderen, die ist, war oder sein wird, bedürfte es weder der Sprache noch des Handelns für eine Verständigung; eine

---

[65] Hannah Arendt (1981): Vita Activa oder vom tätigen Leben. Im Folgenden als Sigle VA direkt im Text.
[66] Das wird durch die moderne Anthropologie bestätigt. Wie das Max Planck Institut für evolutionäre Anthropologie überzeugend für die vielfältigen Ursprünge des Homo sapiens nachgewiesen hat. https://www.eva.mpg.de/de/menschliche-urspruenge/index/

Zeichen- und Lautsprache wäre hinreichend, um einander im Notfall die allen gleiche, immer identisch bleibende Bedürfnisse und Notdürfte anzuzeigen." (VA 213)

In diesem Handeln und Sprechen manifestiert sich menschliche Pluralität auf zweierlei Art, als Gleichheit und als Verschiedenheit. Sich sprechend auszudrücken, braucht ein Werkzeug, das von den Menschen, mit denen man es zu tun hat, verstanden werden kann. Die Sprachfähigkeit ist insofern ein Element der Gleichheit. Ihr Gebrauch ist aber gleichzeitig die Voraussetzung dafür, dass Menschen ihre Verschiedenheit ausdrücken können. Denn im „Sprechen und Handeln", einer Tätigkeit neben Arbeiten und Herstellen, die menschenspezifisch ist, unterscheiden sich Menschen aktiv voneinander. Allein diese Tätigkeit gibt Aufschluss darüber „Wer einer ist" (VA 167). Im aktiven Sprechen und Handeln drücken Menschen ihre Besonderheit, ihre Individualität aus und ihren Wunsch sich auszuzeichnen. Und diese Pluralität der Menschen heißt für Arendt, dass es nur individuelle Identitäten geben kann.

Jedes Identitätskonzept, sei es das der Nation, der Klasse, der Rasse, der Religion oder des Geschlechts ist daher letztlich nicht menschengemäß, weil all diese, isoliert betrachtet, verständlichen Raster letztlich auf das Konstrukt des EINEN Menschen hinzielen. Dieses Narrativ einer homogenen Identität von Kollektiven ist für sie der Kern jeder totalitären Ideologie. Verschiedenheit und Distanz sollen eliminiert werden. Heinrich Blücher drückt das so aus: „In der Politik gilt weder „das Ganze ist mehr als seine Teile", weil die Menschheit ein „Ganzes" ist, dessen Teile immer mehr sind als sie selbst (...), noch: „der Zweck heiligt die Mittel" (...)"[67]

---

[67] Zitiert nach Arendt, Hannah: Denktagebuch. S. 13

Arendt ist überzeugt, dass die Vielheit der Perspektiven für das Überleben in der Welt, die wir bewohnen, unerlässlich ist, und sie bezeichnet die Pluralität als das "Gesetz der Erde". Von dieser Grundannahme ausgehend fordert sie regelnde Gesetze, denn eine „Welt", die funktionieren soll, braucht Rahmen, Stützen und die können nur in Gesetzen, die für alle gleich gelten, bestehen. Neben diesem Rahmen brauchen Menschen, um als Gleiche agieren zu können, einen öffentlichen politischen Raum, in dem Sprechen und Handeln als "acting in concert" möglich werden kann.

Die Annäherung an eine richtigere Sicht auf die Wirklichkeit braucht einen Abgleich der unterschiedlichen Perspektiven auf die Welt. Die daraus entstehende Erzählung schafft dann erst die Bedingung für eine Kontinuität der Generationen, für Erinnerung und damit für Geschichte. Aber Sprechen und Handeln braucht auch Distanz, einen Abstand zwischen den beteiligten Personen, denn sonst verschwindet, das, was die Pluralität ausmacht, die unterschiedliche Perspektive auf die Welt. Das macht Arendt deutlich am Beispiel von Minderheiten, die ausgegrenzt werden. Sie haben keine Möglichkeit, sich zu positionieren und sich handelnd einzumischen, die Diskriminierung lässt sie zwangsläufig zusammenrücken. Diese positive Solidarität untereinander hat aber häufig die Konsequenz, dadurch die nötige Distanz zu ihresgleichen zu verlieren und damit wird die Möglichkeit der Erkenntnis eingeengt.

Hannah Arendt will eine neue Bühne der Vielstimmigkeit, der Distanzierung und der Teilung des Publikums in urteilsfähige Individuen. Und nur wer sich frei bewegen kann, dem dritten Kriterium, kann diese Quantität der Vielstimmigkeit in eine neue Qualität der Urteilskraft verwandeln.

Menschen können neu anfangen

Am Schluss des überaus deprimierenden Buches über totalitäre Herrschaft findet Hannah Arendt in einer zweiten *menschlichen Konstante* Zuversicht. Für sie besteht die zweite Besonderheit neben der Pluralität der Menschen darin, immer wieder neu anfangen zu können. In den Worten des mittelalterlichen Augustinus[68]: „Initium ut esset, creatus est homo." – Damit ein Anfang sei, wurde der Mensch erschaffen. „Dieser Anfang ist immer und überall da und bereit. Seine Kontinuität kann nicht unterbrochen werden, denn sie ist garantiert durch die Geburt eines jeden Menschen."(EU 1007) Oder kurz und knapp in der amerikanischen Ausgabe: „This beginning is guaranteed by each new birth; it is indeed every man."

Die Menschheit nicht als Gattung, sondern in ihrer Pluralität kann durch die Fähigkeit zum Neuanfang Fehler korrigieren, da sich mit jeder neuen Geburt eine Chance zur positiven Veränderung ergibt. Diese menschliche Bedingtheit nennt sie Natalität. Natalität ist dabei auch ein wichtiger Bezugspunkt für ihr politisches Denken. Politik sei nie alternativlos, sondern hat ausgehend von der Natalität immer auch die Möglichkeit neu anzufangen. Mortalität, Heideggers „Sein zum Tode", sei dagegen der entscheidende Bezugspunkt für nihilistisch, philosophisch metaphysisches Denken.

Hannah Arendt entwickelt ihre politische Theorie in bewusster Abgrenzung zum Gedankengebäude der existentialistischen Philosophie Martin Heideggers[69], ihres Lehrers und

---

[68] Augustinus: De Civitate Dei, Buch 12, Kapitel 20.

[69] Überschattet wird die Leistung Heidegger durch seine zumindest zeitweilige Faszination der Naziideologie, wie es auch die erst vor kurzem veröffentlichten „Schwarzen Hefte" bezeugen. Heideggers Ausflug in die NSdAP war so gesehen das Ergebnis eines Scheiterns an der

kurzzeitigen Geliebten. Arendt sieht Heidegger in einer doppelten Funktion, zum einen als Zertrümmerer der abendländischen Metaphysik, zum anderen aber auch als den Endpunkt einer gescheiterten traditionellen Philosophie. Die Philosophie als Erklärungsmuster ist für Arendt spätestens mit dem Zivilisationsbruch der Shoa gescheitert. Heideggers Diktum, nicht nach dem Sein an sich, sondern nach dem Sein des Da-Seins, der Existenz des Menschen, zu fragen, faszinierte nicht nur die junge Arendt, sondern Menschen so unterschiedlicher politischer Ausprägung wie Herbert Marcuse, Max Horkheimer, Hans-Georg Gadamer, Hans Jonas und den ersten Ehemann Hannah Arendts Günther Stern (Anders). Man war stolz darauf, einer neuen Geisteselite, Arendt spricht von „entschlossenen Hungerleidern"[70], anzugehören und trat entsprechend selbstbewusst auf. Hans Mommsen[71] nennt den Duktus dieser Generation autoritär.

Nach dem Sein des Menschen (Da-Sein) zu fragen, heißt für Heidegger erstmal nach den Grundstrukturen (Existentialen) des menschlichen Seins zu fragen, nach Welt, Heimat, Zeit, dem anonymen Man, Sorge, Angst, Tod, Geworfen-Sein, Denken oder Sprache. Dabei spielt der Begriff „Heimatlosigkeit", ein Synonym für „Verlassenheit", eine große Rolle. Noch kurz vor seinem Tod schrieb Heidegger: „Es bedarf der Besinnung, ob und wie im Zeitalter der technisierten gleichförmigen Weltzivilisation noch Heimat sein kann."[72] „Wer philosophiert, zielt

---

Wirklichkeit. Ob das schon in seinem Werk angelegt war oder auch nicht, ob das Werk dadurch an Bedeutung verliert oder nicht, soll hier nicht ausdiskutiert werden. Hier geht es ja „nur" um seinen Einfluss auf die Arendtsche Begrifflichkeit.

[70] Im Radiovortrag zu Heideggers Geburtstag

[71] LITERATUREN 09/02, Gespräch von Hans Mommsen und Daniel Cohn-Bendit

[72] Heidegger Martin (1975), Gesamtausgabe, Ffm., S. 243, zitiert nach Geier, Manfred (2005): Martin Heidegger, S. 9

auf das In-der-Welt-Sein, um in diesem Ganzen wohnen zu können, aus dem er immer schon vertrieben worden ist."[73]

Das Da-Sein ist für Heidegger ein „Sein zum Tode" und da wir (die Menschen) deshalb nur eine begrenzte Zeitlichkeit haben, müssten wir angesichts des Todes unser je eigenes, unverwechselbares Leben leben. Arendt dagegen geht es nicht um die philosophische Frage „Wer sind wir?", sondern sie interessiert die Frage, „Was sollen wir tun?". Aus Heideggers individueller „Geworfenheit in die Welt" wird für Arendt die „Pluralität" der Vielen. Die Mortalität des „Sein zum Tode" wird bei ihr durch die Macht des Neuanfangs, den sie in der „Natalität" sieht, praktisch aufgehoben. Arendt präferiert (erfahrungsbedingt?) die Pluralität der Metropole (New York) und die Natalität, das Neu-Anfangen , Heidegger dagegen die Einsamkeit der Skihütte im Schwarzwald und die Mortalität, das philosophische Denken vom Tode her. Ihre Neuformulierung des Politischen als Ausdrucksform von Pluralität und Natalität ist für Arendt die Antwort auf „Die Philosophie ist gescheitert" oder „Gott ist tot".

Menschen konstruieren Welt

„Welt" ist für Arendt nicht zu verwechseln mit der Herkunft oder dem nebeneinander Wohnen und Leben in dörflichen oder städtischen Strukturen oder gar dem Planeten, sondern etwas, das durch gemeinsames Sprechen und Handeln konstituiert wird, und nur da. Diese durch Sprechen und Handeln gewonnene gemeinsame Welt ist nicht identisch mit der „objektiven" Welt der Natur oder der Dinge, sondern diese Welt will immer wieder aufs Neue hergestellt werden, hat etwas von einem noch nichtexistierenden Ort, einer Utopie.

---

[73] Geier (2005),S. 11

Hannah Arendts „Welt" ist „als ein Gebilde aus Menschenhand" zu verstehen und unterscheidet sich so von der tierischen Umwelt, welche der Natur noch absolut verpflichtet ist und die Welt so begreift wie es für die Spezies überlebensnotwendig ist. Die menschengemachte Welt muss, so die These, im Unterschied zu den Tieren kommunikativ immer wieder im Sprechen **zwischen** konkreten Menschen als „wirklich" erkannt werden. Dieses „Zwischen" ist eine erkenntnistheoretische wie räumliche Kategorie. Arendt nennt diesen Raum, in dem die Welt erscheint, den Erscheinungsraum. Dieser Zwischen-Raum ist nicht sichtbar, greifbar, sondern quasi in einer anderen Dimension. „Dabei ist die Person identisch mit ihrer Erscheinung, aber sie kann nur erscheinen, wenn andere da sind, die sie wahrnehmen. Auch hier gilt, dass Pluralität und Perspektivität der Modus sind, in dem das Gespräch, der Austausch, die gegenseitige Wahrnehmung und der Austausch von Meinungen erfolgen".[74]

Das kann man Kommunikation, Interaktion, Reden, Streiten nennen, letztlich ist es eine Tätigkeit, ein Handeln, welches kein dreidimensionales Produkt herstellt, sondern situativ eine Vorstellung, eine Erzählung. Das wird in der Umkehrung klarer, wenn man Juliane Rebentisch folgt. Sie sieht in den Konzentrationslagern „das genaue Gegenteil des antiken Erscheinungsraums, als dessen Negativraum." [75] Hier ist alles zusammengedrückt, ohne Spontaneität, ohne Freiheit, eine „Inversion des Erscheinens"[76]
Dieses „Zwischen" ist auch der Raum für das Politische, denn als Einzelwesen ist der Mensch für Arendt a-politisch. Politik entsteht in dem **„Zwischen-den-Menschen".**

---

[74] Vowinckel, Annette (2015), S.50
[75] Rebentisch, Juliane (2022), S. 72
[76] ebenda

Ich verstehe das so: Menschen gehen miteinander redend in einen Austausch über ihre Sicht auf die Wirklichkeit. Ich hätte diese Interaktion im jeweiligen Gehirn verortet, Arendt hat die Vorstellung, dass sich das , was mitgeteilt wird, als etwas Drittes darstellt. Konkret: Person A beschreibt die Notwendigkeit weitreichende Waffen an die sich verteidigende Ukraine zu liefern, Person B will die Ukraine auch verteidigen, hat aber Bedenken, dadurch in einen Krieg mit der Atom-Macht Russland hineingezogen zu werden, wenn diese Waffen von deutschen Soldaten programmiert werden müssten. Diese Sichtweisen müssen, wollen sie in ein für beide Seiten befriedigendes Ergebnis münden, gegeneinander abgewogen werden und es muss nach eventuellen Lösungen gesucht werden. Und das passiert für beide Seiten transparent in diesem „Zwischen". Man einigt sich darauf, dass die Waffen geliefert werden, man aber von der Ukraine verlangt, sie nicht auf russischem Territorium einzusetzen und dass die Programmierung von dazu ausgebildeten ukrainischen Soldaten erfolgt.

Dieses „Zwischen" ist auch deshalb für Menschen existentiell, weil sich dort nicht nur über die Welt verständigt wird, sondern in diesem „Zwischen" die Eigenarten der einzelnen Subjekte selbst hervortreten. Verkürzt könnte man sagen, der Mensch wird in diesem „Zwischen" erst zu dem, was er ist. Wolfgang Heuer nennt diesen Zusammenhang „Intersubjektivität"[77], das was sich zwischen Subjekten abspielt. Intersubjektivität klingt gut, scheint mir aber noch zu sehr in der Dichotomie der Subjekt-Objekt-Relation gefangen zu sein. Das „Zwischen" ist weder Subjekt noch Objekt, ich schlage den

---

[77] Heuer, Wolfgang (2006): Politik und Verantwortung, Bundeszentrale für politische Bildung, „APuZ",Aus Politik und Zeitgeschehen vom 21.09.2006

unschärferen Begriff „Interpersonalität" vor. Persona[78] meint ursprünglich die Maske der Figurenrolle im Theater und Theater ist die Metapher Arendts für die Bühne der Welt, die Bühne der Politik.

Menschen machen Politik

Hannah Arendt legt ihre Überlegungen für eine Gegenstrategie gegen totalitäre Ideologien erstmalig in ihrem Buch „Vita activa" vor. Schon der Titel entspricht der Auffassung, dass es keine festgelegte menschliche Natur oder Essenz gebe, sondern nur ein tätiges Leben. Sie unterscheidet die existenziellen Tätigkeiten: „Arbeiten", „Herstellen" und „Sprechen und Handeln". Insbesondere das Sprechen und daraus folgende Handeln sind für die Spezies Mensch unverzichtbar. Denn „(H)handelnd und sprechend offenbaren die Menschen jeweils, wer sie sind, zeigen aktiv die personale Einzigartigkeit ihres Wesens, treten gleichsam auf die Bühne der Welt, auf der sie vorher nicht sichtbar waren (...)" (VA 219)

Arendts Ziel ist es, das Politische neu zu bestimmen, weil die geltenden Traditionen des Politischen offensichtlich keinen Schutz gegen den Versuch, politisches Handeln abzuschaffen, geboten haben. Sie ordnet das Politische nicht wie etwa Luhmann in ein autonomes System von Regeln ein, sondern für sie ist das Politische die typisch menschliche Tätigkeit, die Menschen von anderen Lebewesen unterscheidet, überhaupt. Und zwar nicht als Wahlmöglichkeit, sondern existentiell mit menschlichem Leben verbunden. Eine menschliche Bedingtheit

---

[78] Carl Gustav Jung zum Beispiel versteht unter dem Konzept Person eine Rolle, die Individualität vortäuscht, die andere und einen selber glauben macht, man sei individuell, während es doch nur eine gespielte Rolle ist. Sie ist ein Kompromiss zwischen Individuum und Sozietät über das, ‚als was einer erscheint'.

ist etwas, dem sich Menschen nicht entziehen können, das was sie konditioniert, weil sie Lebewesen auf diesem Planeten sind. Typisch menschlich sind drei Tätigkeiten, die man nach ihren Aufgaben unterscheiden kann: Arbeiten, Herstellen und Handeln.

Die erste Tätigkeit, die noch nahe am Reich der natürlichen Umwelt ist, ist das „Arbeiten" (engl. labour). Die Menschen müssen, um als biologische Wesen klarzukommen, Nahrungsmittel und Kleidung produzieren. Diese Tätigkeit ist lebensnotwendig. Die zweite, auch historisch gesehen, Tätigkeit ist das „Herstellen" (engl. work). Menschen schaffen sich, sobald sie auch für andere Tätigkeiten Ressourcen haben, eine eigene, künstliche Welt von Dingen, die dem flüchtigen Dasein so etwas wie Bestand und Dauer verschaffen. Diese Welt umfasst Dinge mit Dauer wie Häuser zum Wohnen, Plätze, Kirchen, Hochhäuser, Autos oder Flugzeuge, dazu gehören aber auch Regeln des Zusammenlebens, Kunstwerke und Bücher. Man könnte auch sagen, alles was ein Handwerker, Ingenieur oder Autor bis zur Fertigstellung eines Produktes macht, plant, rechnet, konstruiert, zusammenbaut. Die dritte Tätigkeit ist das „Handeln" (engl. action). Handeln darf man hier nicht mit dem Tun eines Einzelnen verwechseln, denn es geht nicht um das einzelne Tun isoliert, sondern um ein gemeinsames Handeln von mehr als einem Menschen. Das Handeln ist die einzige menschliche Tätigkeit, die sich ohne Vermittlung von Materie, Material, Werkzeugen oder Dingen direkt zwischen Menschen abspielt. (VA 17)

Ein Beispiel: Eine Hausgemeinschaft beschließt (handelt!), dass sie zusammen das Problem des zugemüllten Dachbodens lösen will. Man teilt sich in Gruppen auf und fängt an zu entrümpeln, zu fegen oder zu reparieren. Dazu braucht man Werkzeuge. Die Handlung aber besteht nicht im Werkzeuggebrauch, sondern in der Planung und Durchführung der Aktion

„Entrümpeln". Und diese Handlung ist im weitesten Sinne politisch, denn sie beseitigt handelnd ein Problem der Hausgemeinschaft. Das Politische ist bei Arendt also sehr allgemein mit Handeln und Sprechen verknüpft.

Handeln ist immer dann erforderlich, wenn sich die Notwendigkeit ergibt, sich mit anderen Menschen abzustimmen. Diese besondere Fähigkeit, handeln zu können, ist eine Notwendigkeit, die sich aus der Besonderheit der Menschen, verschieden zu sein, ergeben hat.

Wenn jeder Mensch eine eigene Perspektive auf die Welt hat (Pluralität), müssen Menschen, wenn sie zu einer Übereinkunft kommen wollen, diese Perspektiven miteinander abgleichen. Handeln wird dann ein „Acting in concert" (Edmund Burke), ein Zusammenspiel wie in einem Orchester. „Alles Handeln ist in den Worten Burkes »to act in concert«; was bei diesem Tun herauskommt, hat niemals ein Ende und daher auch weder die Beständigkeit noch die Eindeutigkeit eines im Mittel-Zweck-Zusammenhang erzeugten Gegenstandes." (EU 981)

Die drei Tätigkeiten sind in der Praxis nicht immer trennbar, vor allem Handeln kann auch in den Bereichen Arbeiten und Herstellen vorkommen, das ist Hannah Arendt durchaus bewusst.

Politisch brisant wird diese Einteilung der Tätigkeiten, wenn sich der Bereich des gemeinsamen Handelns und Sprechens, der Bereich des Politischen, verkleinert. Wir Menschen verlieren dann das, was uns im Unterschied zu anderen Lebewesen auszeichnet, das was Teil der Conditio humana ist, den Bereich des Politischen als unverzichtbaren Teil des Menschseins. Nun weiß auch Hannah Arendt, dass in der Geschichte der menschlichen Zivilisation der Bereich des Politischen nur selten alle Menschen mit einschloss.

Das Politische ist schon seit der Polis oder der römischen Republik stark eingeschränkt worden. Die Vorstellungen von Freiheit sind ab der Spätantike, über die christlichen bis hin zu modernen Vorstellungen ausgesprochen antipolitisch. In der Antike entwickelten die Philosophen in der Nachfolge von Sokrates ihr Philosophieren als die Liebe zur Weisheit in Konkurrenz zu den Verpflichtungen eines freien Bürgers in der Polis. Freiheit gab es für sie nur im Denken, welches deshalb von politischen Verpflichtungen in der Polis befreit werden sollte. Im Christentum wurde Freiheit dann zur Willensfreiheit des Menschen, der sich zwischen Sünde (Teufel) und der Nachfolge Christi (Gott) frei entscheiden sollte, neu bestimmt. Auch dieser Freiheitsbegriff war apolitisch, aus der Politik sollte sich der Christenmensch heraushalten und sich stattdessen um sein Seelenheil kümmern. Säkularisiert wurde dann aus dieser christlichen Willensfreiheit die moderne Willensfreiheit im Sinne des kategorischen Imperativs „Handele so, dass…“.

In den Zeiten historischer Brüche wie der Amerikanischen oder Französischen Revolution, der Pariser Kommune, den Experimenten von Räterepubliken bis hin zum Ungarischen Aufstand 1956, der Studentenbewegung oder den Runden Tischen bei der Wende gab es immer wieder Zeiten, in denen das Politische als basisdemokratisches Element aufblühte. In der Regel ist allerdings das Versprechen der Moderne, eine Welt von gleichen Rechten für alle und einer Partizipation für alle zu schaffen, immer noch nicht eingelöst.

Das Dilemma der modernen Industriegesellschaft ist, dass es zum einen ein Zurückdrängen der öffentlich- gemeinschaftlichen Angelegenheiten (Bereich Sprechen und Handeln) auf eine kleine Zahl von Spezialisten (Berufspolitiker) gibt und dass gleichzeitig eine Gesellschaft entstanden ist, die in der „Arbeit“ ihren Hauptsinn gefunden zu haben scheint. Das ist sicher auch das Ergebnis einer Erfolgsgeschichte, die eine ungeheure Produktivität der Bereiche „Arbeiten und Herstellen" durch die Industrialisierung geschaffen hat, die nicht nur die Kapitalbesitzer reich gemacht hat, sondern auch die Masse der Gesellschaft global an diesem neuen Wohlstand, der sich vor allem im Konsumieren zeigt, beteiligt hat. Arbeiten und Herstellung vermischen sich zunehmend und beherrschen den Alltag in den Industrieländern. Arendt beklagt, dass sich daraus ein neuer Typus, ein „Animal laborans", entwickelt habe. Der Animal laborans produziert Dinge nur zum Zwecke der eigenen Reproduktion (marxistisch im Sinne von Wiederherstellung der Arbeitskraft) im Tausch für Konsumgüter. Es geht letztlich nur noch ums Funktionieren, nicht mehr um einen Herstellungsprozess von Anfang bis zum Ende. Diese Instrumentalisierung der Arbeit hat, so Arendt, auch gravierende Folgen für die Beurteilung von „Welt" in öffentlichen Räumen. Mit der Dominanz der Maschinenproduktion geht für Arendt auch ein Verlust der Handlungskompetenz einher, denn diese Handlungskompetenz hängt auch damit zusammen, einen Prozess von Anfang bis Ende zu begreifen oder gar planen zu können. Der Arbeiter am Fließband hat aber nur noch einen minimalen Ausschnitt des Herstellungsprozesses vor Augen. Die alternativlos instrumentelle Sicht auf die Dinge im Herstellungsprozess beraubt den Menschen, so Arendts These, der Fähigkeit, eine Sache auch vom Standpunkt eines anderen zu betrachten; es beraubt ihn der Fähigkeit, die im ursprünglichen Herstellungsprozess noch vorhanden waren, sich die Folgen seines Tuns überhaupt vorstellen zu können. Die Folge sei praktisch Dummheit, die Unfähigkeit zu denken. Das geht vor allem zu Lasten des Bereichs des Politischen, der Tätigkeit des Handelns und Sprechens.

Der Bereich des Politischen ist in dieser Perspektive als ein Bereich, der alle gleichermaßen angeht, bestimmt. Es ist die republikanische Sichtweise, die hier Politik bestimmt. Arendt zitiert dazu Clemenceau: Die Affäre eines Einzigen ist die Affäre Aller. (L'Affaire d'un seul est l'affaire de tous.) Das Unrecht, das öffentlich einem Einzigen geschieht, ist die Angelegenheit aller Bürger, ist öffentliches Unglück.[79]

Wer wir sind, offenbaren wir nur im Handeln, zu dem das Sprechen gehört. Das ist der berüchtigte „subjektive Faktor", der sich hier zeigt und der jede Vorhersage von Geschichte oder Politik zu einem Orakel macht. Der Bereich des Politischen ist nicht vorhersagbar, jede Geschichtsideologie ist Unsinn, weil sie die Tatsache, dass Menschen, auch wenn sie nur ihre Interessen verfolgen und bestimmte weltliche Ziele im Auge haben, gar nicht anders können als sich selbst in ihrer personalen Einmaligkeit zum Vorschein und ins Spiel zu bringen und dadurch Interessen oder Parteiziele individualisieren.

Politik ist so gesehen keine Angelegenheit von Spezialisten, sondern Teil des Lebens aller Menschen selbst. Wenn wir aktiv an unserem Leben teilhaben (Vita activa), dann sind wir politisch handelnd tätig. Und haben keinen Anlass „alles ins Ärgste" zu denken. Darin liegt das Besondere der Menschen, sie sind frei, weil sie aktiv politisch handeln.

Menschen sind frei

Einer der meistzitierten Sätze Hannah Arendts ist: „Der Sinn von Politik ist Freiheit". Er wird meist so verstanden, dass der Zweck von Politik die Freiheit sei, das ist zwar auch ein richtiges Ziel, hier aber nicht gemeint. Arendt geht es um die Freiheit, die im Politischen selbst liegt. Das wird klarer, wenn man sich die freien Tätigkeiten wie sie Aristoteles beschreibt anschaut. Er nennt sie Lebensweisen (Bios): Die Lebensweise, die im Genuss und Verzehr des körperlich Schönen dahingeht; die

---

[79] Arendt, Hannah: Denktagebuch 12

Lebensweise, die innerhalb der Polis schöne Taten erzeugt; und drittens die Lebensweise des Philosophen, der durch Erforschen und Schauen dessen, was nie vergeht, sich im Bereich immerwährender Schönheit aufhält. (VA 23)

Frei sind also für Aristoteles: Hedonismus, Politik oder Philosophieren. Die Tätigkeiten, die in den Bereichen von Arbeiten oder Herstellen angesiedelt sind, sind nicht frei, da es sich dabei um Tätigkeiten handelte, bei denen man nicht in jedem Augenblick Herr seiner Zeit und seines Aufhaltortes sein konnte. (VA 22) Anders ausgedrückt: ein Mann in der Polis hatte den Status des freien Bürgers, wenn er als Person von der Gemeinschaft der freien Bürger geschützt wurde (Unverletzlichkeit der Person) und wenn er nicht gezwungen war, für seinen Lebensunterhalt zu arbeiten oder Dinge herzustellen (Erwerbsfreiheit), sondern dafür Sklaven und Frauen befehligen konnte, die den Haushalt, die Oekonomia, besorgten. Darüber hinaus musste er völlige Bewegungsfreiheit besitzen. Politik war für diese freien Männer in der Polis also „innerhalb der Polis schöne Taten" zu vollbringen. Das hört sich toll an, ist uns aber offensichtlich sehr fremd geworden.

In den meisten wissenschaftlichen Erklärungsansätzen wird die Politik als ein Machtzentrum zur Umsetzung von Herrschaft beschrieben, egal ob sie von Interessen, von weltanschaulichen Werten oder von systemimmanenten Strukturen angetrieben wird. Dieses Verständnis von Politik, wie es sich seit der griechischen Philosophie von Platon oder Aristoteles bis ins 20. Jahrhundert entwickelt hatte, ist für Hannah Arendt mit dem Zivilisationsbruch der Shoah gescheitert. Dieses Scheitern manifestiert sich auch darin, dass politische Entscheidungen, das „politisch-sich-Ereignende", im 20. Jahrhundert in einem bisher nicht gekannten Ausmaß zu einem elementaren Faktor im persönlichen Schicksal aller Menschen auf der Erde geworden ist, und zwar als Unheil.[80]

Eine Revitalisierung des Politischen bedeutet für Arendt: Das Politische wird gekoppelt an einen pragmatischen (handlungstheoretischen) Freiheitsbegriff. Entscheidend dabei ist, dieser Politikbegriff unterscheidet zwischen einem nicht zu ändernden Bereich der Notwendigkeit (Soziales und Ökonomie)[81] und einem Bereich der menschlichen Freiheit, in dem Menschen Gemachtes wieder ändern oder neu machen können. Politisch wird so zu einem normativen Begriff, der nicht eine Beschreibung der schlechten Wirklichkeit ist, sondern zu einem Kampfbegriff gegen ein gescheitertes Modell von Herrschaftsverwaltung werden soll. Politik wird untrennbar mit einer kommunikativen Praxis, mit Sprechen und Handeln, verknüpft.

Das liberale Gesellschaftsmodell, das Gemeinwohl als „Addition von Privatinteressen" (EU 243) anzusehen und in der Politik den Ausgleich von Interessen zu sehen, lehnt sie daher als a-politisch ab. Freiheit im traditionell liberalen Sinne bedeutet, dass Freiheit als Souveränität des einzelnen Individuums fern von Politik und Staat als „Willens- und Gedankenfreiheit" formuliert wird. Freiheit beginnt erst dort, wo der Mensch sich aus dem politischen Bereich zurückgezogen hat und „Freiheit in dem Umgang mit sich selbst, nicht mit anderen, erfährt."[82]. Subjektivismus und Individualismus werden als Bastionen gegen jegliche Vereinnahmung durch den Staat oder durch kollektive Subjekte wie Klasse oder Kirche verstanden. Das Ziel ist der autonome Mensch, der souverän Herr (Frau) seiner selbst ist. Dieser individualistische Freiheitsbegriff macht Freiheit wie

---

[80] Hannah Arendt: Was ist Politik? S.123

[81] Dazu mehr im Kapitel „Die soziale Frage"

[82] Arendt, Hannah: Zwischen Vergangenheit und Zukunft. S. 211

Reichtum zu einer privaten Angelegenheit, die nicht Thema im öffentlichen Diskurs ist.[83]

Wollen Menschen aber frei sein, müssen sie, so die Gegenthese Arendts, auf Souveränität, das ist der zweite Aspekt des Politischen, verzichten. „Wie die Souveränität des einzelnen ist letztlich auch die Souveränität einer Gruppe oder eines politischen Körpers immer nur ein Schein, sie kann nur dadurch zustande kommen, dass eine Vielheit sich so verhält, als ob sie **einer** wäre und noch dazu ein **einziger**."[84] Und wo alle das Gleiche tun, handelt niemand mehr in Freiheit, auch wenn keiner direkt gezwungen wird. Arendt zitiert Herodot, der Freiheit so definierte: Ich will weder herrschen noch beherrscht werden. „Nur wer sich unter Freien bewegte, war frei. Und entscheidend für Herodots Gleichsetzung von Freiheit mit Herrschaftslosigkeit war die Erfahrung, dass dieser Herrscher selbst gerade nicht frei ist; indem er die Herrschaft über andere ausübt, beraubt er sich der Gesellschaft von seinesgleichen, in der er hätte frei sein können. Herrschaft zerstört mit anderen Worten den politischen Raum, und das Resultat dieser Zerstörung ist die Vernichtung der Freiheit für Herrscher wie beherrschte."[85]

Arendt ist klar, dass ihre Behauptung, dass „Freiheit ein wesentlich politisches Phänomen ist" und dass Freiheit weder im Wollen noch im Denken, sondern im (politischen) Handeln erfahren wird, widerspricht „sehr alten und sehr ehrwürdigen

---

[83] Die sich aus der Kapitalakkumulation (hier teilt Arendt Marx Analyse) ergebene Ungleichverteilung von gesellschaftlichem Reichtum bleibt so ebenfalls unsichtbar. Der Fokus auch von Soziologie oder der politischen Wissenschaften ist eher auf die Armut als soziale Frage gerichtet als auf die auseinandergehende Schere zwischen Reichtum aus Kapitalakkumulation und Einkommen aus Arbeit.
[84] Arendt, Hannah: Zwischen Vergangenheit und Zukunft. S. 214
[85] Arendt, Hannah: Über die Revolution. S.43

Vorstellungen"[86]. Politisches Handeln ist aber nicht immanenter Teil des Menschen in seiner Singularität, quasi genetisch wie das „Zoon politikon" Aristoteles, sondern Politik ist wie jedes Handeln immer „action in concert" (Burke).[87] Menschen sind nur als Vielheit, im Plural zu haben und deshalb brauchen sie Freiheit und Spontanität als Voraussetzungen für den zwischenmenschlichen Raum, in dem Politik erst möglich wird.[88] „Frei sein können Menschen nur in Bezug aufeinander, also nur im Bereich des Politischen und des Handelns; nur dort erfahren sie, was Freiheit positiv ist und dass sie mehr ist als ein Nicht-gezwungen-Werden." [89]

Nicht der Streit zwischen Demokraten ist daher das Problem, wie viele deutsche Wähler meinen, sondern die mangelnde Bereitschaft, die Freiheit des Andersdenkenden zu respektieren und nach einem gemeinsamen Kompromiss zu suchen. [90] Mehr noch, ein Rückzug aus der Politik, wie er für moderne Gesellschaften typisch ist, führt dazu, dass „Welt" verloren geht, denn die Welt oder die Wirklichkeit ist kein Objekt, welches unabhängig von den Menschen existiert. Wirklichkeit konstituiert sich im Reden über diese Wirklichkeit quasi in einem „Zwischenraum" zwischen den am Diskurs beteiligten Menschen. Ein Rückzug aus der Politik führe daher zu einem Weltverlust, dem Verlust des spezifischen und meist unersetzlichen Zwischenraums, der sich zwischen dem Menschen und seinen Mitmenschen gebildet hätte.[91] Es tritt dadurch ein Verlust der politischen Öffentlichkeit insgesamt ein, nicht unbedingt für den Einzelnen, der sich zum Beispiel als Philosoph

---

[86] Arendt, Hannah: Zwischen Vergangenheit und Zukunft. S. 210

[87] Arendt, Hannah: Was ist Politik? S.50

[88] Sontheimer, Kurt (2005), S. 97

[89] Arendt, Hannah: Zwischen Vergangenheit und Zukunft. S., S. 201

[90] Das belegt auch die sogenannte Mitte-Studie der Friedrich-Ebert-Stiftung: Die distanzierte Mitte (2023)

[91] Siehe Hannah Arendt: Rede zur Verleihung des Lessing-Preises. S.9

oder Künstler noch produzieren kann, aber für die Gesellschaft, das Wir, insgesamt.

Menschen brauchen öffentliche Räume

Für Hannah Arendt war politische Freiheit etwas, was man nur im öffentlichen Raum erfahren kann. Denn wenn Freiheit im Handeln besteht, dann ist sie gekoppelt an Menschen mit denen man handelt und einem Ort, wo dieses Handeln stattfindet. Freiheit ist damit aber auch positiv an die Möglichkeit der freien Rede und der politischen Teilhabe in einem Gemeinwesen, in dem man lebt, gebunden. Diese politischen öffentlichen Räume waren zum Beispiel die Agora im antiken Athen, das Forum Romanum im antiken Rom, das Philadelphia der amerikanischen Revolutionäre oder der Maidan in Kiew.

Menschen erfahren Welt nur im Austausch miteinander. Dabei unterscheidet Arendt zwischen der Welt der Objekte, die unabhängig vom Menschen existieren und der Menschenwelt, die sich erst im darüber reden konstituiert. Da jeder Mensch theoretisch eine andere Position zu den Dingen wie auch zu den Menschen einnimmt, von einer anderen Position aus sieht und hört, braucht es ein öffentliches Zusammensein. Ein von Anderen Gesehen- und Gehörtwerden. (VA 69) „(Denn) was immer Menschen tun, erkennen, erfahren oder wissen, wird sinnvoll nur in dem Maß, in dem darüber gesprochen werden kann. Es mag Wahrheiten geben, die jenseits des Sprechenden liegen, und sie mögen für den Menschen, sofern er auch im Singular, d. h. außerhalb des politischen Bereichs im weitesten Verstand, existiert, von größtem Belang sein. Sofern wir im Plural existieren, und das heißt, sofern wir in dieser Welt leben, uns bewegen und handeln, hat nur das Sinn, worüber wir miteinander oder wohl auch mit uns selbst sprechen können, was im Sprechen einen Sinn ergibt." (VA 12)

Ohne die Möglichkeit dieser Öffentlichkeit wird das Leben weltlos, rein privat. Eine gemeinsame Welt existiert nur in der Vielfalt der Perspektiven. Ähnlich wie beim Handlungsbegriff hat auch der Begriff Öffentlichkeit zwei Seiten, eine agonale und eine narrative. Im agonalen Bereich braucht es eine Arena, einen öffentlichen Raum, der allen zugänglich ist, in dem die Person mit anderen wettstreitet. Die agonale Form hat aber immer schon einen narrativen Inhalt.

Arendt definiert „das Öffentliche" wie folgt: „Das Wort ‚öffentlich' bezeichnet zwei eng miteinander verbundene, aber doch keineswegs identische Phänomene. Es bedeutet erstens, dass allem, was in der Öffentlichkeit geäußert wird, Wirklichkeit zukommt. (VA 49) „Der Begriff „Öffentlichkeit" bezeichnet zweitens die Welt selbst, insofern sie das uns Gemeinsame ist und als solches sich von dem unterscheidet, was uns privat eigen ist. (…) Der öffentliche Raum wie die uns gemeinsame Welt versammelt Menschen und verhindert gleichzeitig, dass sie gleichsam über- und ineinander fallen." (VA 52) Dieser Begriff der Öffentlichkeit steht im Gegensatz zu einer totalitären Sicht auf die Welt. Totalitären Regimen geht es darum, die Pluralität zu einer Singularität, zu einer homogenen Volksgemeinschaft, einer vollständigen Identität zusammenzustauchen.

Das Gegenteil ist die Etablierung von Institutionen und Gruppierungen zur Absicherung gewaltfreier, dialogischer zwischenmenschlicher Beziehungen – eine demokratische Öffentlichkeit. [92] Ein solches politisches Gemeinwesen beruht auf Prozessen der ständig wiederholten Gründung von öffentlicher

---

[92] Arendt/Blücher Briefwechsel. S. 19

Verständigung. Wir müssen also über die Voraussetzungen eines Zusammenlebens nachdenken, in welchen Menschen nicht nur versuchen, möglichst lange und problemlos ein eigenes Leben zu leben, sondern eine Leidenschaft für eine gemeinsame Welt entwickeln. Hannah Arendt drückt das in ihrem Interview mit Gaus so aus: „Das Wagnis der Öffentlichkeit scheint mir klar zu sein. Man exponiert sich im Lichte der Öffentlichkeit, und zwar als Person. (…) Das zweite Wagnis ist: Wir fangen etwas an; wir schlagen unseren Faden in ein Netz von Beziehungen. Was daraus wird wissen wir nie. Wir sind alle darauf angewiesen zu sagen: Herr vergib ihnen, denn sie wissen nicht, was sie tun. Das gilt für alles Handeln. Einfach, ganz konkret, weil man es nicht wissen kann. Das ist ein Wagnis. Und nun würde ich sagen, dass dieses Wagnis nur möglich ist im Vertrauen auf die Menschen. Das heißt, in einem – schwer genau zu fassenden, aber grundsätzlichen – Vertrauen in das Menschliche aller Menschen. Anders könnte man es nicht."[93]

Heute wächst die Zahl derer, die mit der oder dem nie wieder reden wollen, wenn nicht vorher eine Übereinstimmung der Meinung festgestellt worden ist. Dabei ist doch klar, dass die Mitlebenden die Mitlebenden bleiben werden, ob uns das passt oder auch nicht. Man muss offensichtlich mit denen, die da sind, weiter wursteln, andere gibt es nicht. Dazu braucht es Orte für Pluralität und Demokratie überall.

Menschen haben Macht

Hannah Arendts Verständnis vom Politischen korrespondiert mit einem handlungsorientierten Machtbegriff, der Macht von Gewalt trennt. Macht entsteht für sie nie aus Gewalt, sondern je mehr Menschen sich hinter einer Idee zusammenschließen, desto mehr Macht haben sie. „Wem es wirklich um Macht zu

---

[93] Arendt, Hannah: Ich will verstehen. S. 72

tun ist, der muss den unter Menschen unabdingbaren Preis zahlen, auf das Herrschen aus einer Distanz zu verzichten, und sich in den Raum begeben, wo Macht entsteht, nämlich in den Zwischenraum, der zwischen Menschen sich bildet, die etwas Gemeinsames unternehmen. In ihm wächst dann gleichsam von selbst jedem einzelnen Macht zu, wenn alle zusammen zu handeln beginnen." (EU 1002)

In der Wissenschaft und auch in der Politik werden Macht, Stärke, Autorität und staatliche Gewalt häufig vermischt und bleiben begrifflich unscharf. Das liegt daran, dass Macht mit Herrschaft gleichgesetzt wird. Zentral ist die Frage, wer wen beherrscht und welche Mittel wendet er dazu an. Arendts Gegenentwurf geht davon aus, dass im politischen Handeln stets ein ‚Wir' mit der Veränderung der gemeinsamen Welt beschäftigt ist. „Dieses Wir entsteht, wo immer Menschen zusammenleben; seine Urform ist die Familie; es kann auf verschiedene Arten verfasst sein, die alle letzten Endes auf eine Form des Konsenses beruhen, wovon der Gehorsam nur die verbreitetste ist, so der Ungehorsam die verbreitetste am wenigsten schädliche Form des Dissens ist."[94] Ihr ist schon klar, dass Herrschaft vielfach durch Gewalt in jeder vorstellbaren Form ausgeübt wird, dieser Bereich führt aber zu keiner „acting in concert", zu keinem gemeinsamen Handeln und damit ist er zwar eventuell wirksam, aber a-politisch.

Menschen denken

Die „Phänomenologie der Freiheit" (Thomas Meyer) ist, auch das ist Arendt immer bewusst, ohne Denken letztlich auch beschränkt. Diese Ambivalenz macht sie deutlich, indem sie als Schlusssatz von „Vita activa" Cato zitiert: „Niemals ist man

---

[94] Arendt, Hannah: Vom Leben des Geistes. Das Denken. Das Wollen. S.427

tätiger, als wenn man dem äußeren Anschein nach nichts tut, niemals ist man weniger allein, als wenn man in der Einsamkeit mit sich allein ist." (VA 415)

Nicht-Denken ist also auch keine Lösung, sondern für sie sogar der eigentliche Hintergrund der „Banalität des Bösen", die sie bei Eichmann diagnostiziert. Das Problem besteht nicht in Eichmanns Dummheit oder seiner Gewöhnlichkeit, sondern in dem Unvermögen zu denken und einem Mangel an Einfühlungsvermögen. „Je länger man ihm zuhörte, desto klarer wurde einem, dass diese Unfähigkeit, sich auszudrücken, aufs engste mit einer Unfähigkeit zu denken verknüpft war. Das heißt hier, er war nicht imstande, vom Gesichtspunkt eines anderen Menschen aus sich irgendetwas vorzustellen. Verständigung mit Eichmann war unmöglich, nicht weil er log, sondern weil ihn der denkbar zuverlässigste Schutzwall gegen die Worte und gegen die Gegenwart anderer, und daher gegen die Wirklichkeit selbst umgab: absoluter Mangel an Vorstellungskraft."[95]

Arendt verabschiedet sich von der klassischen Moralphilosophie und betrachtet das Böse nicht mehr primär aus moralischer oder emotionaler Sicht, sondern vor allem aus der Perspektive des Denkens und Handelns. Das Denken spielt eine zentrale Rolle dabei, Menschen davon abzuhalten, Böses zu tun. Es ist die Fähigkeit zur Reflexion, zur kritischen Befragung und zum Dialog mit sich selbst, die die Grundlage für moralisches Handeln bildet. Dabei betont Arendt auch die Bedeutung der menschlichen Würde und die des Selbstrespekts. Das Selbst kann nicht mit einem Unrechttuenden in Einklang stehen und muss mit sich selbst übereinstimmen, um seine Würde zu wahren. Dieser Zusammenhang wird aber in totalitären Systemen systematisch zerstört. Wenn der Mensch kein Mensch mehr ist, kann man auch keine menschlichen Maßstäbe anlegen. Deshalb

---

[95] Arendt, Hannah: Eichmann in Jerusalem. S.126

formuliert Hannah Arendt auch 1965 – nach dem Eichmann-prozess – in ihrer Vorlesung „Über das Böse“: „Doch das wirklich Böse ist das, was bei uns sprachloses Entsetzen verursacht, wenn wir nichts anderes mehr sagen können als: Dies hätte nie geschehen dürfen.“ [96]

Sie beruft sich auf Sokrates, der davon ausging, dass Menschen nicht qua Natur ein Gewissen hätten, was sie als Richtschnur des Handelns nutzten. Sondern er verwickelte Menschen auf dem Marktplatz Athens in ein Gespräch, denn er war davon überzeugt, dass alle Menschen das Bedürfnis haben, die Dinge durchzusprechen und wenn sie keine Gesprächspartner hätten, dann sprechen sie mit sich selbst. Und diesen stummen Dialog des Mit-sich-selbst-Sprechens ist für ihn Denken.[97] Für Sokrates leitet sich dann moralisches Handeln aus dem Denken ab, denn alle Menschen seien daran interessiert, mit sich selbst eins zu sein. Und das erklärt Arendt so: Wenn „ich mit mir selbst nicht einig bin, entsteht ein Konflikt, der unerträglich ist. (…) Dieser Satz setzt voraus, dass ich in der Tat mit mir selbst zusammen-lebe, also sozusagen Zwei-in-Eins bin; und dass ich dann also sage: "Dies und dies will ich nicht tun." Denn mit jemandem, der dies getan hat, will ich nicht zusammenleben.“[98]

Denken ohne Geländer

Der 21-jährige Mohammed M. tötete 2023 in Arras, Frankreich, seinen ehemaligen Lehrer Dominique Bernard, weil dieser Französisch unterrichtet habe. "Das ist eines dieser Fächer, in denen die Leidenschaft, die Liebe, die Verbundenheit zum ganzen System übermittelt wird, zur Republik, zur Demokratie, zu

---

[96] Arendt, Hannah: Über das Böse. S. 45
[97] Arendt, Hannah: Über das Böse. S. 73
[98] Hannah Arendt im Gespräch mit Joachim Fest. Eine Rundfunksendung aus dem Jahr 1964. Siehe www.HannahArendt.net

den Menschenrechten", sagte er. Er hasse diese Werte, sie seien etwas für Ungläubige. Und die Schule sei das "absolute Symbol" dafür, die Wiege."[99]

Ideologien sind in sich logisch geschlossene Weltanschauungen. Ideologien sind letztlich säkularisierte Welterklärungen, ihre Originale haben sie in den Endzeitreligionen, die auch „wissen" wie die Geschichte zu Ende geht. Immer geht es um die angebliche Verteidigung der eigenen Werte, der eigenen Ethnie oder der „richtigen" Religion. Liberale Werte wie „die Liebe, die Verbundenheit zum ganzen System, zur Republik, zur Demokratie, zu den Menschenrechten" sind daher Gift für Ideologien. Und wie kommt man gegen diese Verbohrtheiten an? Nur indem man politisch spricht und anfängt „ohne Geländer" von Prämissen, die suggerieren, man könnte die Zukunft voraussagen, zu denken.

Das drückt Hannah Arendt in seltener Deutlichkeit in einer „Zueignung" zu dem Sammelband „Sechs Essays" an Karl Jaspers, ihren Freund und Doktorvater, so aus: „Was ich bei Ihnen gelernt habe und was mir in den folgenden Jahren half, mich in der Wirklichkeit zurechtzufinden, ohne mich ihr zu verschreiben, wie man sich früher dem Teufel verschrieb, ist, dass es nur auf die Wahrheit ankommt und nicht auf Weltanschauungen, dass man im Freien leben und denken muss und nicht in einem noch so schön eingerichteten „Gehäuse" und dass die Notwendigkeit in jeder Gestalt nur der Spuk ist, der uns locken möchte, eine Rolle zu spielen, anstatt zu versuchen, irgendwie ein Mensch zu sein."[100]

---

[99] Meiler, Oliver (2024): Terror in Frankreich, SZ
[100] Hannah Arendt: Zueignung an Karl Jaspers, in: Dies. Sechs Essays, S.12; zitiert nach Meyer, Thomas (2023), S. 388

Spätestens mit „Auschwitz" ist für Arendt wie auch für ihren Ehemann, den Ex-Kommunisten Heinrich Blücher, ein Geschichtsbegriff, der von einem kontinuierlich fortschreitenden, auf ein bestimmtes Ziel hin ausgerichteten Prozess ausgeht, obsolet geworden. Die Vorstellung von einer fortschreitenden Geschichte beruht auf der Annahme eines allgemeinen übergeschichtlichen Prinzips, das unabhängig von menschlichen Handlungen existiert. Arendt sieht in dieser teleologischen Sichtweise auf Geschichte mehrere tiefgehende Probleme.

Die Sinnkonstruktion, dass die menschliche Geschichte ein Ergebnis eines Hauptprinzips ist, funktioniert immer, wenn die Anfangsprämisse (Klassenkampf, Rassenkampf, Erlösungsreligion…) Zustimmung findet. Wenn man diese Prinzipien für zutreffend hält, kann man eine unendliche Zahl von Kausalitäten daraus ableiten. Die so generierten Geschichten kann man nicht widerlegen. Man muss das Denken in solchen Konstruktionen selbst aufgeben. Dazu kommt, dass ein Denken in Gesetzmäßigkeiten der Geschichte oder der Natur jede individuelle Verantwortung für das eigene Handeln ausschließt.

Besonders gefährlich ist es, dass, wenn man den Lauf der Geschichte zu kennen meint, dann jede Besonderheit eines geschichtlichen Ereignis nicht beachtet werden muss, weil es immer unter die allgemeinen Gesetzmäßigkeiten subsumiert werden kann. Dann besteht die Gefahr, dass das Neue nicht gesehen werden kann.[101] Dieses Denken wird noch unschlagbarer, wenn einem zusätzlich der Werkzeugkasten der Dialektik wie im Marxismus zur Verfügung steht.

---

[101] Zum Beispiel, wenn Faschismus als Form bürgerlicher Herrschaft charakterisiert wird und das Neue, totale Herrschaft, nicht mehr gesehen werden kann, erst recht nicht im nicht-bürgerlichen Sowjetstaat.

Arendt möchte daher wie Benjamin eine Geschichtsbetrachtung, die die innere Bedeutung des jeweiligen Ereignisses offenlegt und erst dann in einen Zusammenhang mit dem Allgemeinen herstellt. Nur so lässt sich der Effekt vermeiden, den Wald vor lauter Bäumen nicht mehr zu sehen.[102] Die Vorgeschichte zur totalen Herrschaft in den ersten beiden Büchern „Antisemitismus" und „Imperialismus" wird von Hannah Arendt deshalb auch konsequent nicht als Ursache - Wirkung - Konstruktion, sondern als eine Sammlung von Einzelereignissen, von Brüchen in der vermeintlichen Kontinuität der Geschichte, erzählt. Im Mittelpunkt stehen dabei erstmalig auftretende Ereignisse (Ursprünge), „die niemals mehr ganz und gar zu einer Angelegenheit der Vergangenheit werden können"[103], aber wie ein Bumerang nun als Elemente totaler Herrschaft wieder zuschlagen können oder aber wie zum Beispiel die historische Polis zum Muster dafür werden können, dass Politik gelingen kann. Hannah Arendt betrachtet wie Walter Benjamin Geschichte nicht als eine chronologische und kontinuierliche Erzählung, die durch tausende Quellen gepflastert ist, noch als einen Prozess mit Anfang und Ende, sondern als eine Ansammlung von Momenten des Bruchs, der Zäsur und des Zusammenbruchs. Diese Brüche können politischer, sozialer, kultureller oder individueller Natur sein und können durch Ereignisse wie Revolutionen, Kriege, technologische Entwicklungen, Terrorakte oder persönliche Krisen verursacht werden. Indem Benjamin die Aufmerksamkeit auf diese Brüche lenkte, will er alternative Perspektiven auf die Geschichte ermöglichen und die verborgenen Schichten und marginalisierten Stimmen, die Loser, die die „verloren" haben, hervorheben. Er glaubte, dass die Auseinandersetzung mit den Bruchstücken der Geschichte

---

[102] Das ist häufig der Effekt der kleinteiligen Untersuchungen in der Geschichtswissenschaft.

[103] Arendt, Hannah: Zwischen Vergangenheit und Zukunft. S.125

eine kritische Reflexion über die Gegenwart und die bestehenden Machtstrukturen besser ermöglichte.

Diese „fragmentarische Geschichtsschreibung", das gegen den geschichtlichen Verlauf gestellte Erinnerungsmodell, betont die Diskontinuität, die Fragmentierung und die Brüche in der Geschichte und fordert eine kritische Analyse der etablierten Erzählungen.

Ähnlich wie Arendt kritisiert Benjamin die marxistische Geschichtsauffassung, den Historischen Materialismus [104]. Er spricht dabei von der Notwendigkeit von Denkbildern. Wichtig ist ihm dabei der Gedanke, nicht Resultate zu präsentieren, sondern Geschichten „in denen Resultate so mitgeteilt werden können, dass ihnen ihr Resultatcharakter genommen wird". Was damit vergegenwärtigt werden soll, ist nicht das, was vormals angeblich „objektiv "geschehen ist, sondern eine nachträglich konstruierte Gegenwart in der Vergangenheit, die es deshalb auch nur im Nachhinein geben kann. Mit dieser Art auf die Geschichte zu schauen (siehe auch das Denkbild „Angelus Novus" im Anhang), können traditionelle Historiker nichts anfangen, denn das ist auch Denken ohne Geländer.

Daraus ergibt sich folgende Schlussfolgerung, totalitäre Ideologien kann man nicht besiegen, indem man die Schwächen der Programmatik durch einen Faktencheck zu widerlegen versucht. Totalitäre Ideologien kann man nur bekämpfen, indem man die Prämissen des Denkens über Bord wirft und neu anfängt, ohne das Geländer der Ideologie.

---

[104] Benjamin (1940)

Antizipation - das verstehende Herz

Für Arendt ist zudem klar, dass eine rein rationale Herangehensweise an Unvorstellbares wie die Todeslager nicht zu einem tieferen Verständnis führen kann. Hier kommt das rationale Urteilen an seine Grenze. Man muss sich, so ihre Folgerung, auch emotional in die Situation der Opfer herein versetzen. Arendt nennt das „antizipierende Angst" oder auch das „verstehende Herz" (VZ 126), denn nur sie können es sich leisten, beim Grauen zu verweilen. Die antizipierende Angst, meint Arendt, hätte zumindest den Vorteil, alle sophistisch-dialektischen Interpretationen von Politik, die alle auf dem Aberglauben beruhen, dass aus dem Bösen etwas Gutes entstehen könnte, aufzulösen. Das sei spätestens dann nicht mehr möglich, wo nicht nur Leben durch Mord zerstört würden, sondern wo Menschen so behandelt werden, als hätte es sie nie gegeben.

Es gibt keine Parallele zu dem Leben in den Konzentrationslagern, weder in der Zwangsarbeit, Verbannung oder Sklaverei. Denn da hätten Menschen alle ihren Preis, der Konzentrationär hat keinen Preis, weil er jederzeit ersetzt werden kann, und er gehört niemandem zu eigen. Er ist, was das Leben der normalen Gesellschaft angeht, vollkommen überflüssig. Konzentrationslager haben, wie oben schon mehrfach betont, keinen ökonomischen Sinn, sie sind nur um ihrer selbst willen da. Die Unglaubwürdigkeit der Gräuel hängt aufs Engste mit ihrer ökonomischen Zwecklosigkeit zusammen. Mitten im Krieg wurden scheinbar sinnlose Lager mit riesigen Transportkapazitäten geschaffen, ökonomisch und kriegslogistisch völlig irreal. Das lässt sich nur in Bildern beschreiben, die Welten nach dem Tode zum Thema haben: Hades, Fegefeuer, Hölle, Orte für Tote.

Das Geschehene kann man nur in der Form des Erleidens erfahrbar machen, daraus bestehen Tragödien. Das Erinnern wird dramatisiert und damit kann die tragische Erschütterung ausgedrückt werden. Man kann das Geschehen letztlich nur immer wieder neu erzählen. Das darf jedoch keine Weltflucht in die innere Emigration werden, denn wenn man, was durchaus legitim ist, sich zurückzieht, darf man nicht so tun als sei das eine akzeptable Wirklichkeit. Es ist eine Flucht vor der Wirklichkeit, immerhin besser als mitzumachen.

Menschen haben Gemein-Sinn

Mary McCarthy schildert Hannah Arendt in einem Brief ein Problem ihrer Romanprotagonisten, sich indifferent und unentschieden zu verhalten, welches sie gern mit Arendt diskutieren möchte. Es werde von den betreffenden Figuren nichts mehr für wahr gehalten, noch moralische Urteile anerkannt. Pseudofragen wie „Woher weißt du das?" oder „Warum nicht?" seien auch in der modernen Gesellschaft voll im Trend.[105] Arendt antwortet zehn Tage später so: „Die schwachsinnige Nachdenklichkeit oder nachdenkliche Schwachsinnigkeit der Intellektuellen – dein Beispiel: „Warum soll ich meine Großmutter nicht töten, wenn ich es will?" Solche und ähnliche Fragen wurden in der Vergangenheit einerseits von der Religion, andererseits vom Common Sense beantwortet. Die religiöse Antwort ist: Weil du zur Hölle fahren und in ewiger Verdammnis sein wirst; die Common-Sense-Antwort ist: Weil du nicht selbst ermordet werden willst."[106]

Beide Antworten funktionierten nicht mehr, weil weder der Glaube noch der gesunde Menschenverstand mehr sinnstiftend seien. Der gesunde Menschenverstand, besser der Gemeinsinn wird zum sechsten Sinn und ermöglicht ein richtiges Urteilen,

---

[105] Hannah Arendt/Mary McCarthy (1995): Briefwechsel. S. 69
[106] Hannah Arendt/Mary McCarthy (1995): Briefwechsel. S. 73

wenn er das Ergebnis von Reden über die Wirklichkeit ist. In ihrem Denktagebuch notiert Arendt dazu:

„Common Sense: Nichts ist partikularer als sinnliche Erfahrung. Ihr können wir nur trauen, weil sich zu unseren fünf Sinnen ein sechster gesellt, der im Unterschied zu der Partikularität der anderen, uns allen gemeinsam ist: "Common Sense". (…) Die Sinne indizieren eine Welt der Objekte, sie indizieren keine Menschenwelt. Was uns mit anderen Menschen verbindet, was indiziert, dass wir mit anderen Menschen sind, ist unser „Common Sense", der als solcher unser eigentlich politischer Sinn ist. Der uns allen gemeinsame Sinn dient dazu, die partikularen Erfahrungen der fünf Sinne zu kontrollieren und abzustimmen, dass sich eine gemeinsame Welt ergibt, in der wir mit unseren partikularen Sinnen funktionieren können."[107] An anderer Stelle schreibt sie: „Wenn dieser Common Sense verloren geht, dann gibt es keine gemeinsame Welt mehr, (…)"[108] oder: „Der Zusammenbruch des „Common Sense" besagt den Zusammenbruch einer gemeinsamen, sinnlich erfahrbaren Welt. In einem politischen Sinne, d.h. sofern der Mensch im Plural existiert, kann er von nun an nicht einmal mehr seinen fünf Sinnen trauen; sie vermitteln ihm nur noch eine partikulare Welt, keine gemeinsam bewohnte."[109] Wenn dieser Gemeinsinn nicht mehr funktioniert, ist die einzige verlässliche "Wahrheit", auf die der Mensch zurückgreifen kann, der Glaube an Binsenweisheiten. Aber diese "Wahrheit" sei leer oder vielmehr gar keine Wahrheit, denn sie offenbare nichts.

Hannah Arendt würde den Common Sense gern rehabilitieren, denn einer der Hauptirrtümer der Moderne sei zu glauben, dass Wahrheit ein Ergebnis sei, dass sich am Ende eines

---

[107] Arendt, Hannah: Denktagebuch S. 335
[108] Hannah Arendt/Mary McCarthy (1995): Briefwechsel. S. 75
[109] Arendt, Hannah: Denktagebuch S. 336

Denkprozesses einstelle. „Wahrheit ist, im Gegenteil, immer der Anfang des Gedankens; Denken ist immer ergebnis-los. Das ist der Unterschied zwischen „Philosophie" und Wissenschaft: Wissenschaft hat Ergebnisse, Philosophie nie." (ebd.) Die totalitären Ideologien markieren daher den radikalen Abschied von der Rückbindung an die Grundfesten weltlicher, interpersonaler Wirklichkeit und den Parametern des Common Sense, der als »unser eigentlich politischer Sinn« (DT 335) den Kompass für eine plurale, zwischenmenschliche Welterfahrung konstituiert. Das totalitäre Denken in Schablonen von einfachen Wahrheiten bietet sich dann als ein neuer Suprasinn zur Beurteilung von Wirklichkeit an. Das hört sich alles etwas abstrakt an, wird aber sofort plausibel, wenn man von der Vorstellung ausgeht, dass Politik zu allererst Reden ist mit dem Ziel der Herstellung eines Common Sense.

Menschen haben Sichtweisen

Neben Arendts Sicht auf die soziale Frage (nächstes Kapitel) ist ihre Position der Verteidigung einer partikularen jüdischen Perspektive und damit zusammenhängend ihre Kritik an der Praktikabilität universeller Menschenrechte besonders irritierend.

Natan Sznaider, ein deutscher und israelischer Jude, 1954 in Mannheim geboren, thematisiert in seinem Buch „Fluchtpunkte der Erinnerung" das Thema eines besonderen Zugangs von jüdischen Intellektuellen zu den Themen Partikularismus und Universalismus. Sein erstes Beispiel ist Karl Mannheim. „Dessen Blick war nicht nur ein soziologischer, es war ein jüdischer Blick, der Blick des Fremden, des gleichzeitig dazu- und nicht dazugehörenden Menschen."[110] Dieser Partikularismus begründet sich in der besonderen Situation der Juden. „Juden

---

waren in einem Doublebind gefangen. Sie wurden als zu partikular abgesehen, um universelle Bürger zu sein, und als zu universell, die Grenzen der Staatsbürgerschaft überschreitend, eigentlich zu kosmopolitisch, um partikulare Bürger zu sein."[111] Diese Dichotomie zwischen partikular und universell versuchte Mannheim in einer dynamischen Synthese aufzulösen, die Politik als nicht statisch, sondern immer im Werden denkt. „Nicht um Wahrheit geht es in der Politik, sondern um das Finden von Kompromissen in und mit verschiedenen Weltsichten." [112] Und er sah wie auch Arendt die Notwendigkeit eines öffentlichen Raums (Salons, Logen, Clubs), in dem Juden und Nicht-Juden „neutral" miteinander diskutieren können.

Aus der besonderen Lage der Juden zog Hannah Arendt für sich selbst, aber auch für das jüdische Volk, die Konsequenz, dass jüdischer Partikularismus, die Ablehnung von Assimilation, die einzige Möglichkeit für Juden wäre, nicht unsichtbar zu werden. Ja, Arendt hielt die Vorstellung von Assimilation als Erlösung für Narretei. Paria zu sein war für sie keine Abwertung, sondern ein politischer Kampfbegriff, der für alle Minderheiten gelten würde. Die Alternative Parvenü oder Paria spielte sie in ihrer Dissertation über Rahel Varnhagen durch, mit dem Ergebnis, dass die Versuche Rahel Varnhagens sich über Assimilation zu einem gleichrangigen Mitglied der Berliner Oberschicht hochzuarbeiten (Parvenü) scheitern musste. Arendt war klar, dass ein Beharren auf einer partikulare Position von Nichtjuden auch als Argument gegen die rechtliche Gleichstellung (Emanzipation) verwendet werden konnte.

Ähnlich wie Mannheim war die Idee der Pluralität für sie daher ein Ausweg aus dem Dilemma. In einer pluralen Welt ist die Vielheit von Partikularem nicht nur denkbar, sondern

---

[111] Sznaider (2022). S. 33
[112] Ebenda

selbstverständlich. Die Idee universeller Menschenrechte war
für sie in Frankreich spätestens mit der Dreyfus-Affäre und vor
allem durch die selbst erlebte schnelle Kapitulation der Franzosen vor den Nazis 1940 und den folgenden antisemitischen Verordnungen der französischen Regierung gescheitert. Die Pluralität von Individuen kann nur in einer Gesellschaft von
Gleichen, einer Republik, durch gleiche Rechte und Pflichten,
die in einer nationalstaatlichen Verfassung festgelegt sind, ge-
währleistet werden.

Ein partikulares Denken und Positionieren ist, wenn das Kriterium der Gemeinwohlorientierung gilt, unproblematisch und
schließt eine Übereinkunft in politischen Einzelfragen oder
auch in Grundfragen wie Verfassung und politischem System
nicht aus. Im Gegenteil, wenn man im Meinungsstreit in der
Öffentlichkeit beachtet, dass es da immer um das Gemeinwohl
geht, spielen partikulare Interessen keine Rolle. Partikulares ist
für Arendt privat und damit kein Problem in der Öffentlichkeit.
In der Trennung von Öffentlichem und Privaten liegt die
Chance, sowohl partikular zu sein als auch universell, wenn (!)
es gleichzeitig für alle einen Zugang zur demokratischen Öffentlichkeit gibt. In dieser öffentlichen Debatte sollte es dann
um Fragen gehen, die das Gemeinwohl für alle betreffen und
nicht um partikulare Sonderinteressen, die sind privat. Die
Probleme des Multikulturalismus heute sind so gesehen nicht
in der Partikularität der unterschiedlichen Bevölkerungsgruppen zu suchen, sondern in der ausschließlichen Privatheit, die
gleichbedeutend ist mit Welt-losigkeit, wenn es keine Inklusion
in den öffentlichen Raum des Politischen für Minderheiten wie
Migranten gibt.

Exklusion als Überflüssig-Sein ist das Problem, insbesondere
für Flüchtlinge zu allen Zeiten. Für Hannah Arndt war die
Flüchtlingsproblematik aus eigener Erfahrung eines der
Hauptprobleme des 20. Jahrhunderts. Flüchtender zu sein, ist

für Arendt kein soziales Problem, sondern eines der rechtlichen Exklusion.

Ohne Papiere (sans papiers) so hat es Arendt selbst im Exil in Frankreich erfahren, ist man praktisch schutzlos staatlicher Willkür ausgeliefert. Ihre Forderung daraus ist, dass jeder Mensch das Recht auf Rechte habe. Denn nur auf der Basis von Rechten kann man politisch handeln, und erst dann ist man ein Mensch. Deshalb kritisiert sie auch die angebliche universelle Geltung von Menschenrechten, da diese real nur in Nationalstaaten für Staatsbürger gelten würden. Jemand mit einem russischen Pass war 1938 in Frankreich praktisch bessergestellt als jemand der, wie die deutschen Juden, seine Staatsbürgerschaft verloren hatte. Menschen auf der Flucht sind ausgeschlossen, und diese Frage der Exklusion ist nicht nur ein Problem für »die da draußen«, sondern beeinflusst auch die Handlungsmöglichkeiten innerhalb der Nationalstaaten, denn der Druck von außen führt auch im Inneren zu Exklusion.

Rassistisches Denken, sich als dem anderen, dem Flüchtenden überlegen zu fühlen und Parolen wie Remigration nehmen zu. Inklusion von allen – auch von Exklusionsanhängern – ist daher das Gebot der Stunde in einer Welt, die auf Pluralität setzt. Das Aushalten der Widersprüche zwischen Partikularität und Universalität ermöglicht erst auch die Kritik an der Proklamierung der „Unveräußerlichen Menschenrechte". „Die Paradoxie, die von Anfang an in dem Begriff der unveräußerbaren Menschenrechte lag, war, dass dieses Recht mit einem »Menschen überhaupt« rechnete, den es nirgends gab, (…) ja, dass dieses Recht der Natur selbst förmlich zu widersprechen schien, da wir ja »Menschen« nur in der Form von Männern und Frauen kennen, also der Begriff des Menschen, wenn er politisch brauchbar gefasst sein soll, die Pluralität der Menschen stets in sich einschließen muss." (EU 636/637)

Die soziale Frage lösen

Heute, mehr noch als zu Lebzeiten Hannah Arendts droht der modernen Massengesellschaft die Gefahr, dass sich ihr Charakter nur noch aus einer einzigen Tätigkeit her ableitet, die dem Leben unmittelbar dient und vom Lebensprozess unmittelbar diktiert wird: der des Arbeiters oder Jobholders.

Nicht in der Tätigkeit selbst liegt das Problem, sondern in der Funktion der Tätigkeit als Lebensunterhalt für sich und ihre Familien. Die Arbeit, die bis zur Moderne immer nur als „Mühe oder Plage" im privaten Haushalt angesehen wurde, wird zu einer hochgewichtigen gesellschaftlichen Lebensweise, deren Vervollkommnung alle Anstrengungen bedarf, so dass gleichzeitig die Fähigkeiten zu handeln und zu sprechen in die Sphäre des Privaten und Intimen gedrängt wurden und so an Qualität verloren haben. Die Befreiung der Arbeit von ihrem „ewigen" Kreislauf der immerwährenden Wiederkehr im privaten Haushalt zu einem unbegrenzten, sich ständig ändernden Prozess in der Gesellschaft stellt die alte Rangordnung der Tätigkeiten auf den Kopf.

Das sozialdemokratische Prinzip „Hauptsache Arbeit" hat zwar zu einer Gleichheit der Arbeitenden (Arbeitsgesellschaft) geführt, aber die soziale Schere zwischen Arm und Reich nicht verändert. Geld wird so zum alleinigen Maßstab für den sozialen Status. Die Frage, wie sollen wir leben, was soll Politik verändern, wird so als Luxusproblem aufgefasst. Der Streit um die Höhe der sozialen Unterstützung befördert die Sorge um das täglich individuelle Leben, aber nicht die Sorge um die Welt.[113] Das mag zynisch klingen, aber entspricht solange der Wirklichkeit, wie die soziale Frage nicht gerecht gelöst worden ist.

---

[113] Wahrscheinlich auch ein Problem bei der Findung eines Konsenses über Verzicht zugunsten eines menschengerechten Klimas.

Man missversteht Hannah Arendt, wenn man ihre Analyse der Französischen Revolution, die an der sozialen Frage gescheitert sei[114], wie ein radikaler Anhänger der republikanischen Tea-Party liest, der Fragen der sozialen Grundversorgung als Privatsache betrachtet und einen „schlanken Staat" fordert, der sich hauptsächlich auf die Fragen der inneren und äußeren Sicherheit konzentriert. Auch da muss Hannah Arendt so verstanden werden, dass es sich in ihren Texten nie um wissenschaftliche Abhandlungen handelt, sondern um Essays. Hannah Arendt ist eine Denkerin, keine Berufswissenschaflerin.

Rahel Jaeggi ist zuzustimmen, wenn sie schreibt: „Arendts Grenzziehung zwischen dem Politischen und dem Sozialen lässt sich als eine Unterscheidung verstehen, die sich weniger auf Gegenstandsbereiche als vielmehr auf den Modus der Thematisierung von Fragen bezieht. Es ginge Hannah Arendt dann weniger darum, Fragen des Haushalts, der Reproduktion oder, allgemeiner, der Ökonomie aus dem Bereich des Politischen auszuschließen, als vielmehr darum, politische von nicht- oder vorpolitischen Weisen der Behandlung (bzw. Nichtbehandlung) von Fragen des gemeinsamen Lebens zu unterscheiden. Kein Bereich wäre dann von sich aus politisch oder unpolitisch; alles hingegen kann, muss aber auch erst politisiert werden."[115] Jaeggi nimmt dazu als Beleg eine kurze Bemerkung Arendts über die Leistung von Marx. Dieser habe in seiner Analyse der Ausbeutung Armut aus dem Mythos der Naturhaftigkeit eines „quasinatürlichen Mangels" gelöst. „Und diese menschengemachte Armut sei dann politisierbar, die soziale Frage sei zu einem politischen Faktor geworden. Was von Menschen gemacht ist, muss nicht so sein, wie es ist; es kann von Menschen

---

[114] Siehe Arendt, Hannah: Über die Revolution
[115] Jaeggi (2008),S. 6

– handelnd – verändert werden."[116] Das heißt jedoch nicht, dass im Sinne des Politikbegriffs Arendt, jede soziale Forderung schon „politisch" sei. Rein interessenbezogene Forderungen, ob des Besitzbürgertums oder der Gewerkschaften sind im Sinne Arendts erst dann politisch, wenn sie nicht nur um ihren »Anteil am Kuchen«, sondern damit auch um eine neue politische Ordnung zum Beispiel „Ausbeutung" als menschengemachte Armut abzuschaffen, streitet. Arendt formuliert damit einen qualitativen Aspekt des Politischen.

Politisch ist nur das, was sich auf die Welt, das Gemeinwesen als Ganzes, bezieht. Die Leitfrage dazu wäre die Frage, *wie wir leben wollen*. Das Wollen als Projekt wird vom Müssen oder Sollen abgegrenzt. Für Arendts Neubestimmung des Politischen geht es darum, zu begründen, dass Politik immer auch Neuanfang bedeutet und die Begrenztheit nur in der Begrenztheit der Handlungsmöglichkeiten, ob durch die äußere Natur oder die technologischen Möglichkeiten, besteht.

Sozial öffnet sich heute vielleicht ein neues Fenster, wenn es uns gelingt einen Teil der Produktivitätsfortschritte, die die Digitalisierung und die Künstliche Intelligenz schaffen, nicht im privaten Profit der Superreichen verschwinden zu lassen, sondern in einer leicht verständlichen Formel auf alle Bürger umzuverteilen - quasi ein soziales Grundeinkommen. Dann verschöbe sich das Reich der Freiheit auch wieder weg von den Musks zu einer Politik der Vielen. Die soziale Frage als politischer Störfaktor wäre nicht gelöst, aber, da die Veränderung das Gemeinwesen als Ganzes betrifft, wären sich die Menschen ein Stück ebenbürtiger. „Die Herausforderung, auf die Hannah Arendt hellsichtig hingewiesen hat, besteht dann darin, das Problem der (Wieder-)Gewinnung jenes Handlungsspielraums, um den angesichts der Ideologie ökonomischer

---

[116] Jaeggi (2008), S.13

Sachzwänge gestritten werden muss, mit der Frage des sozialen Ausschlusses zu verknüpfen und zur politischen Frage zu machen."[117]

Exklusion bezeichnet für Arendt nicht nur die Spaltung zwischen Drinnen und Draußen, sondern hat auch die Bedeutung, die Stellung in und zur Welt zu kennzeichnen. So lässt sich wie oben beschrieben die »Weltlosigkeit«, der vollkommene Bezugsverlust oder auch das »Zerfallen einer gemeinsamen Welt«, verstehen. Rahel Jaeggi sieht darin auch eine Art innere Exklusion. Und dies im doppelten Sinne, „dass es sich um eine innerstaatliche Exklusion, also die Exklusion innerhalb eines Gemeinwesens handelt, aber auch im Sinne der Bezeichnung einer inneren Haltung und Einstellung, der Reaktion der Individuen auf die Situation".[118] Überflüssigkeit/Exklusion ist also ein politisches Problem, welches sich als Problem des Weltverlusts artikuliert. Und das hat Konsequenzen für den innergesellschaftlichen Verständigungsprozess der Demokratie. Denn die Ausgeschlossenen, die Überflüssigen, die den Bezug zur Welt verloren haben, sind nicht nur „abgehängt", sondern nehmen an der Gestaltung der Welt nicht mehr teil.

Inklusion ist deshalb für einen „gewaltfreien Diskurs" (Habermas) zwingend erforderlich, aber wie wird sie zu einem politischen Projekt und nicht „nur" zu einem normativen? Dazu Jaeggi: „Wozu uns das Weiterdenken mit Arendt also diesbezüglich inspirieren mag, ist folgende Überlegung: Die Frage der Exklusion, die »neue soziale Frage« lässt sich weder mit funktionalen Argumenten noch rein moralisch lösen. Solange man »Überflüssigkeit« und »Weltlosigkeit« nicht als eine Frage unseres Gemeinwesens auffasst (als eine Frage, die damit zu tun

---

[117] Jaeggi (2008),S.17

[118] Jaeggi (2008), S. 21, siehe auch Heinz Bude/Andreas Willisch (Hg.), Das Problem der Exklusion. Hamburg 2006, S. 7f.

hat, wie wir zusammenleben und leben wollen), wird man sie nicht lösen können. Sie als Frage des Gemeinwesens aufzufassen, heißt aber auch, einen Zusammenhang zu sehen, der ebenso dort besteht, wo er nicht immer gesehen wird. Das bedeutet nicht nur, dass sich die vorgebliche Nichtverbundenheit der Überflüssigen als ein Verhältnis verstehen lassen wird, das dennoch vom Gemeinwesen zu verantworten ist, sondern auch, dass man die Konsequenzen des Ausschlusses für die Eingeschlossenen offenlegen muss."[119]

Menschen - In-der-Welt-Zuhause-sein

„Wo ich mich beim Bier unterhalten kann, da ist Heimat." (Oskar Maria Graf)

Verlassenheit und Überflüssigsein ist nicht nur ein Problem für das politische Gemeinwesen, sondern auch der Nährboden für Extremismus, denn dort wird Heimat in einem homogenen Tribe (Stamm) versprochen. Philipp Bovermann zieht in einer Besprechung einer ARD-Dokumentation über AfD-Aussteiger das Fazit: Die AfD ist eine Einsamkeitsmaschine: Sie zieht einsame Menschen an – um sie noch einsamer zu machen."[120] Die gesellschaftliche Antithese zur Verlassenheit ist das aktive In-der-Welt-Beisammensein, das was Arendt „In-der-Welt-zuhause- sein" nennt. Dazu braucht man eine Haltung zur Welt und eine Verständigung über die Wirklichkeit als Grundlage von Handeln.

Arendt glaubt zwar nicht, „dass wir die Situation, in der wir uns seit dem 17. Jahrhundert befinden, auf irgendeine

---

[119] Jaeggi (2008), S.29
[120] Bovermann (2024) SZ, Kultur

endgültige Weise stabilisieren können"[121], andererseits war sie davon überzeugt, dass staatliche Fundamente wie Verfassungen, Institutionen und Strukturen unabdingbar sind. Die Menschen, so heißt es in ihrer Dankesrede anlässlich der Verleihung des Lessingpreises, bedürfen stets einer „relativ gesicherte[n], relativ unvergängliche[n] Heimat"[122].

Die Welt bedarf Stützen, Arendt zitiert Lessing, der die „Stützen der bekannten Welt" zu seiner Zeit „erzittern" sah. Heute liegen sie für Arendt endgültig am Boden. Wir befinden uns in einem „wahren Trümmerfeld solcher Stützen"[123]. Das könnte man aus der Sicht des freien Denkens begrüßen, da man sich nun „ohne Stützen und Krücken, gewissermaßen ohne das Geländer der Tradition frei" bewegen könne. Aber dieser Vorteil sei kein Grund, froh zu sein, denn die „Stützen der Wahrheiten" seien auch die Stützen der „weltlich-politischen Ordnung" gewesen. Und die Welt, nicht die Menschen, bedarf der Stützen, „um die Beständigkeit und Dauerhaftigkeit zu garantieren, ohne welche sie den sterblichen Menschen nicht die relativ gesicherte, relativ unvergängliche Heimat bieten kann, derer sie bedürfen."[124] Institutionen sind zwar notwendig und eine demokratische, republikanische Verfassung ist die Grundlage für eine Politik in Freiheit. Aber die Institutionen, dass weiß Arendt, können auch versteinern oder erstarren und verhindern dann politisches Handeln.

Die „lebendige Menschlichkeit" eines Menschen braucht das Denken ohne Geländer, denn diese Menschlichkeit nimmt in dem Maße ab, wie er sich vorgefertigten Meinungen anschließt und diese wie Dinge, wie Münzen mit denen man „alle

---

[121] Arendt, Hannah: Ich will verstehen. S. 86
[122] Arendt, Hannah (1999): Rede Lessing-Preis S.19
[123] Arendt, Hannah: Menschen in finsteren Zeiten. S.19
[124] Arendt, Hannah: Menschen in finsteren Zeiten. S.20

Erfahrung begleichen kann" ausspielt. Die Welt, die kein objektiver, außerhalb von Menschen existierender Bereich ist, sondern sich zwischen Menschen im Gespräch realisiert, brauche dagegen Beständigkeit.

Oder besser: Die Menschen brauchen die Welt beständig, denn wenn wir von Welt reden, meinen wir nicht die Natur oder den Planenten, sondern die von Menschen geschaffene Welt. Und diese hat den Sinn, das Leben von Menschen menschengerecht zu machen. Die Welt wird unmenschlich, wenn sie ungeeignet für die menschliche Bedürfnisse von Sterblichen ist. Die Begrenztheit der Lebenszeit begrenzt auch die Anpassungsbereitschaft an große Veränderungen (in eine Bewegung gerissen werden, in der es keinerlei Bestand mehr gibt). Wer könnte das bezweifeln, wenn man die aktuelle Klimakrise oder das Tabula rasa in den neuen Bundesländern nach der Wiedervereinigung 1990 betrachtet.

Was sind also die neuen Stützen, möchte man fragen. Die gibt es nicht. Was es gibt, ist der zum Scheitern verurteilte Versuch, die alten Stützen immer wieder zu restaurieren. Mit dem Ergebnis, dass das „Misstrauen der Menschen gegen Welt und Öffentlichkeit ständig wächst".[125] Und das sind „die Zeiten, in denen sich der Raum der Öffentlichkeit verdunkelt, und der Bestand der Welt so fragwürdig wird, dass die Menschen von der Politik nicht mehr verlangen, als dass sie auf ihre Lebensinteressen und Privatfreiheit die gehörige Rücksicht nehme (…). Man kann sie mit einigem Recht „finstere Zeiten" (Brecht) nennen."(ebenda). Zeiten ohne Bestand, ohne Heimat.

Heimat ist für das antike Volk der Juden immer schon Vision und Wirklichkeit gleichzeitig gewesen. Nachweisbar ab dem 6. Jahrhundert v.Z. bedeutete Heimat zweierlei: Israel und die

---

[125] Arendt, Hannah: Menschen in finsteren Zeiten. S.21

Diaspora. „Heimat war Israel und ist es wieder. Zugleich aber ist und war auch Diaspora Heimat – wenn es Juden gut ging und unabhängig davon, ob sie sich als Juden fühlen konnten oder wollten."[126] Ihre besondere Existenz ermöglichte Juden sogar eine Antizipation von nicht völkischer Orientierung. Stefan Zweig drückt das in einem Brief 1917 an Martin Buber so aus: „ Vielleicht" habe das Judentum die Aufgabe, „zu zeigen, dass Gemeinschaft auch ohne Erde, nur durch Blut und Geist, nur durch das Wort und den Glauben bestehen kann."[127] Dieser nicht-zionistische Diasporageist ist genau das, was Verfassungspatrioten wie Habermas sich erträumen. Heimat ist Gemeinschaft, aber auch Sicherheit. Jean Amery drückte das so aus: „In der Heimat beherrschen wir souverän die Dialektik von Kennen-Erkennen, von Trauen-Vertrauen: (…) Das ganze Feld der verwandten Wörter treu, trauen, Zutrauen, Anvertrauen, zutraulich gehört in den weiteren psychologischen Bereich des Sich-sicher-Fühlens".[128] Dieses Trauen und Zutrauen war nach dem Zivilisationsbruch der Shoah für Jüdinnen und Juden in Deutschland zerbrochen. Und diese Wunde ist nach dem 7.10.2023 neu aufgerissen.

Die deutsche Gesellschaft hat sich nicht aktiv hinter ihre jüdischen Mitbürger gestellt, sondern versagt. „Sich-sicher-fühlen, schreibt Carolin Emcke in einer Kolumne am 17.11.2023 in der Süddeutschen Zeitung, sei „nicht irgendeine nationalistische Folklore, nicht irgendein Muttertags-Basteln oder Weihnachtsmarkt-Kitsch, sondern die existentielle Gewissheit, nicht verletzt zu werden, sicher zu sein, dass andere für einen einstehen." Und das war das, was schon Hannah Arendt in ihrem Auftritt bei Gaus beklagte: „Das Problem, das persönliche

---

[126] Wolffsohn, Michael (2022):Eine andere jüdische Weltgeschichte S. 35
[127] Zitiert nach Wolffsohn (2022) S. 35
[128] Jean Amery: Jenseits von Schuld und Sühne

Problem war doch nicht etwa was unsere Feinde taten, sondern, was unsere Freunde taten."[129]

Ein Heimatgefühl, sagt sie ebenfalls bei Gaus, sei es für sie, „wenn andere Menschen verstehen – im selben Sinne, wie ich verstanden habe -, dann gibt mir das einen Befriedigung wie ein Heimatgefühl."[130] Zur Heimat gehört auch die Sprache. Auch Sprache hat die Funktion, Heimat zu schaffen. Die Bedeutung von Sprache oder Dialekt wird vor allem deutlich, wenn regionale Sprachen unterdrückt werden. Das gilt sicher auch für den Verlust der Regionalsprachen in Deutschland, ist aber aktuell in Spanien ein handfestes Problem der Politik. Dabei wäre es in Spanien sehr leicht möglich, eine einheitliche Verständigung über das Kastilische zu ermöglichen und gleichzeitig die Regionalsprachen wie Baskisch, Galicisch und Katalanisch als gleichberechtigte Amtssprachen zuzulassen. Das würde das Verwurzeltsein, das Heimatgefühl wachsen lassen, denn Heimat braucht den Nahraum, das Eigene, das Eigenwillige und wäre zudem noch ein Vorbild für die EU mit ihren vielen Regionalsprachen.

Letztlich geht es immer - und da ist Arendt ihrer Zeit wieder einmal voraus – um erzählbare Geschichten, heute würde man von Narrativen reden, die „einzigen eindeutig-handgreiflichen Resultate menschlichen Handelns" (VA 240). Arendt vermutet sogar, dass Menschen es überhaupt nur aushalten mit dem Tod vor Augen zu existieren, weil sie jeweils in eine spannende Geschichte verstrickt sind, deren Ausgang sie nicht kennen. (VA 239).

---

[129] Arendt, Hannah: Ich will verstehen S.58
[130] Arendt, Hannah: Ich will verstehen S.49

Freundschaft und Humanität

Ihre Hamburger Rede zur Verleihung des Lessing-Preises hat ihren Höhepunkt in der Erläuterung der römischen Humanitas, die letztlich in der Aufnahme von eroberten Völkern in die römische Rechtskultur besteht. In Rom wurden Menschen unterschiedlicher Herkunft mit „Römern" gleichgestellt, durch die großzügige Verleihung des römischen Bürgerstatus auch an die ins Imperium Romanum eingegliederten Völker.

Wieviel wäre für die öffentliche Debatte auch heute gewonnen, wenn es um das Thema Migration geht, wenn auch nur ein Hauch dieser römischen Humanitas wieder gelten könnte. Das römische Beispiel wie schon das Beispiel der griechischen Polis zeigt, politisches Handeln ist nicht alternativlos, sondern es kann auch anders gehandelt werden.

Hannah Arendt entwickelt in dieser Rede eine Vorstellung von Politik als eine Tätigkeit, die, da sie auch darauf setzt, sich auszeichnen zu können, auch Ruhm und Ehre möglich macht, aber auch politische Freundschaft.[131] Ein Leben ohne Freunde sei eigentlich nicht lebenswert, schiebt sie den Alten (Griechen) als Lebensweisheit unter. Allerdings ist das ein Freundschaftsverständnis, welches man sich heute fast nicht mehr vorstellen kann. [132]

Für Arendt ist das Gespräch, gerade auch das politische Gespräch, ein Ausdruck der Freundschaft. „(W)eil dies Gespräch (im Unterschied zu den Gesprächen der Intimität, in welchen individuelle Seelen über sich selbst sprechen) so sehr es von der

---

[131] Freundinnen sind immer mitgemeint

[132] Ihre Erläuterung finden Sie im Materialienteil – besser kann man es nicht ausdrücken.

Freude an der Anwesenheit des Freundes durchdrungen sein mag, der gemeinsamen Welt gilt, die in einem ganz präzisen Sinne unmenschlich bleibt, wenn sie nicht dauernd von Menschen besprochen wird. Denn menschlich ist die Welt nicht schon darum, weil sie von Menschen hergestellt ist, und sie wird auch nicht schon dadurch menschlich, dass in ihr die menschliche Stimme ertönt, sondern erst, wenn sie Gegenstand des Gesprächs geworden ist."[133] Sennett geht noch weiter, er beklagt eine aktuelle «Tyrannei der Intimität» und stellt fest: „Heute dominiert die Anschauung, Nähe sei ein moralischer Wert an sich. Es dominiert das Bestreben, die Individualität im Erlebnis menschlicher Wärme und in der Nähe zu anderen zu entfalten. Es dominiert ein Mythos, demzufolge sich sämtliche Missstände der Gesellschaft auf deren Anonymität, Entfremdung, Kälte zurückführen lassen. Aus diesen drei Momenten erwächst eine Ideologie der Intimität: Soziale Beziehungen jeder Art sind umso realer, glaubhafter und authentischer, je näher sie den inneren, psychischen Bedürfnissen der einzelnen kommen. Diese Ideologie der Intimität verwandelt alle politischen Kategorien in psychologische."[134] Das könnte auch von Hannah Arendt stammen, für sie ist Freundschaft keine Form der Intimität zur Überwindung von Einsamkeit, sondern eine soziale Kategorie des Politischen, die das Problem der Verlassenheit erst gar nicht entstehen lässt.

Arendt spitzt ihre Vorstellung über Freundschaft zu, indem sie Freundschaft und der Überzeugung, Recht zu haben, gegenüberstellt. Menschen, die meinen, sie haben in einem strittigen Punkt recht, sind in der Regel nicht bereit, ihren Standpunkt um der Freundschaft willen aufzugeben - in der Coronazeit und in der Frage der Ukraineunterstützung ein aktuelles Phänomen. Arendt expliziert diese Logik der Rechthaberei, indem

---

[133] Arendt, Hannah (1999): Rede Lessing-Preis S.42
[134] Sennett 1998: 329

sie die Frage stellt, wäre die Rassenlehre der Nazis, wenn sie denn wissenschaftlich erwiesen worden wäre, es wert gewesen, ihr auch nur eine einzige Freundschaft zwischen zwei Menschen zu opfern?[135]

Lessings Antwort, Arendt schließt sich hier an, wäre unzweifelhaft gewesen, dass eine Lehre, die die Freundschaft unmöglich mache, objektiv nur ein Irrtum sein könne. „Das war Lessings Menschlichkeit"[136]. Im Zweifelsfalle sollte daher die Freundschaft immer den Vorrang haben gegenüber dem Streit, ob über das Impfen oder den Angriffskrieg gegen die Ukraine. Wenn man so an Streit herangeht, dann wird es auch möglich sein, zu einem Konsens zu kommen.

Arendt schließt ihre Hamburger Rede mit dem Appell an die des Redens über die Zeit vor 1945 unfähigen Deutschen, miteinander zu sprechen. „Weil Lessing ein so durchaus politischer Mensch war, hat er darauf bestanden, dass es Wahrheit nur geben kann, wo sie durch das Sprechen vermenschlicht wird, nur wo ein jeder sagt, nicht was ihm gerade einfällt, aber was ihm gerade ‚Wahrheit dünkt'. Ein solches Sagen aber ist in der Einsamkeit nahezu unmöglich; es ist an einen Raum gebunden, in dem es viele Stimmen gibt und wo das Aussprechen dessen, was ‚Wahrheit dünkt', sowohl verbindet wie voneinander distanziert, ja diese Distanzen zwischen den Menschen, die zusammen dann die Welt ergeben, recht eigentlich schafft. (…) Darum ist, was das Verhältnis von Wahrheit und Menschlichkeit angeht, das Tiefste in einem Satz Lessings gesagt (…): „Jeder sage, was ihm Wahrheit dünkt, und die Wahrheit selbst sei Gott empfohlen."[137] Die Freundschaft als wesentliche Kategorie

---

[135] Ebenda S. 51
[136] Ebenda S. 52
[137] Ebenda, S. 54

auch des Politischen vervollständigt Arendts Politikverständnis „der Sinn von Politik ist Freiheit".

Dem gegenüber steht die Vorstellung von Politik nach dem Grundsatz: „Wo gehobelt wird, fallen Späne." Dieses Prinzip wird aus historischer Perspektive abgeleitet und bebildert die Vorstellung, dass Politik die Durchsetzung von Einzelnen auf Kosten anderer ist. Es geht um Macht um der Macht willen und nicht mehr um konkretes Unrecht, welches im gemeinschaftlichen Interesse beseitigt werden soll. Politik verliert dadurch jeden Beurteilungsmaßstab. Und nicht nur das, sondern dieser Grundsatz von Politik „zerstört das private Leben, indem er Freundschaft, Verlässlichkeit etc. unmöglich macht. Deshalb ist Freundschaft eine so eminent republikanische Tugend."[138]

Letztlich bleibt auch in finsteren Zeiten die Menschlichkeit das höchste Kriterium selbst vor der Wahrheit. Im Reden und Handeln, im Wettkampf des Ringens um das richtige Verständnis von der Welt, realisiert sich Freiheit. Und nur da, wo es diesen Bereich der Freiheit gibt, gibt es die Möglichkeit, neu anzufangen. Wenn man an Politik so herangeht, dass die Freude über die andere Meinung der Anderen, der Freunde und Freundinnen, überwiegt, dann kann der politische Bereich wieder ein existentiell höchstes Gewicht erlangen und die Verteidigung dieser Freiheit selbstverständlich sein.

---

[138] Arendt, Hannah: Denktagebuch S.12

III. Look up![139]

In diesem dritten Teil geht es um einen Transfer der Denkbilder Hannah Arendts in aktuelle Politik. Dieser Transfer bekommt eine empirische Evidenz durch aktuelle Studien aus Norwegen und Deutschland. In allen Studien wird ein Zusammenhang hergestellt zwischen sozialer Einsamkeit und politischen Einstellungen. Es folgt ein Versuch aus den Prämissen „Verlassenheit" und „Politisierung" handlungsleitende Parameter für eine aktive Politik zu machen. Im letzten Kapitel des dritten Teils werden schließlich die notwendigen Konsequenzen aus der Analyse Hannah Arendts über „Totale Herrschaft" für unsere Erinnerungskultur gezogen.

Aktuelle Studien zu Einsamkeit

Der Einwurf Hannah Arendts, dass „Loneliness" ein ernst zu nehmender Faktor für die Stabilität des liberalen, demokratischen Rechtstaats ist, ist nicht wegen Hannah Arendt, sondern durch die Zunahme von „Einsamkeit" in allen Bevölkerungsgruppen, aber vor allem auch bei jungen Leuten ins Blickfeld der deutschen soziologischen Beobachtung geraten. Die aktuellen Studien[140] kommen zu denselben Ergebnissen,

---

[139] Zwei Kometen steuern auf die Erde zu, aber dort interessiert das niemand. Laut Regisseur Adam McKay ging es ihm mit „Don't Look Up" darum, zu verdeutlichen, dass die Menschen nicht mehr richtig miteinander kommunizieren können, weil selbst der banalste Austausch den Gesetzen der Profitmaximierung unterliegt. Probleme werden gelöst indem man sie unsichtbar macht. Kometen gibt es nicht, wenn man nicht nach oben guckt.

[140] Bundesministerium für Familie, Senioren, Frauen und Jugend (2024): Einsamkeitsbarometer 2024. Langzeitentwicklung von Einsamkeit in Deutschland; Steinmayr, Ricarda, Miriam Schmitz, Maike

Einsamkeit ist ein gesellschaftliches Problem, welches dringend als politische Priorität anerkannt werden sollte.

Im sogenannten „Einsamkeitsbarometer 2024", das im Auftrag des Bundesministeriums für Familie, Senioren, Frauen und Jugend erstellt wurde, wird dabei zwischen individueller Einsamkeit und sozialer Einsamkeit unterschieden. Insgesamt fühlt sich jede sechste Person häufig einsam (16,4 Prozent). Bei jungen Erwachsenen zwischen 18 und 29 Jahren ist es jede vierte Person (23,6 Prozent)[141]. Und das habe auch politische Folgen: „Einsamkeitsbelastungen stehen in einem negativen Zusammenhang mit dem Vertrauen in politische Institutionen, dem politischen Interesse der Bevölkerung sowie mit der Motivation zur Beteiligung an politischen Prozessen. (…) Auch glauben Personen mit erhöhter Einsamkeitsbelastung signifikant häufiger an eine politische Verschwörung. Das bestärkt die Annahme, dass das Desinteresse an Politik von Menschen mit Einsamkeitsbelastungen größer ist als bei Menschen ohne solche Belastungen. Insgesamt wirkt sich dies auch auf die politische Partizipation an Wahlen aus."[142]

Einsamkeit führt offensichtlich im ersten Schritt zu einem Desinteresse an Politik und zu einer Nichtbeteiligung an Wahlen. Die politische Präferenz von einsamkeitsbelasteten Personen wurde leider nicht erfragt. Aber allgemein wird festgehalten, ohne empirische Belege allerdings, dass erhöhte

---

Luhmann (2024). Wie einsam sind junge Erwachsene im Jahr 2024? Ergebnisse einer repräsentativen Umfrage. Hrsg. Bertelsmann Stiftung, Gütersloh.

[141] Bertelsmann-Studie speziell zu jungen Erwachsenen: „Insgesamt lag der Anteil der moderat oder stark einsamen jungen Menschen in unserer Stichprobe bei 46 Prozent, wobei der Anteil der moderat Einsamen bei ca. 35 Prozent und der Anteil der stark Einsamen
bei ca. 10 Prozent lag." S.11

[142] Einsamkeitsbarometer 2024, S. 10

Einsamkeitsbelastungen eine Gefahr für die liberale Demokratie in Deutschland darstellen können, „da sie mit generalisierten Vertrauensverlusten einhergehen, die demokratische Grundpfeiler berühren. Einsamkeitsprävention und -milderung sollten daher auch unter dem Gesichtspunkt der Stabilisierung des demokratischen Systems der Bundesrepublik als Beitrag zur Demokratieförderung verstanden werden."[143]

Die Teilhabe am gesellschaftlichen Leben wird allerdings empirisch leider auch nur an unpolitischen sozialen Zusammenhängen abgefragt. Man fragt nach dem Ehrenamt, dem Besuch religiöser Veranstaltungen, der sportlichen Betätigung, dem Ausüben von künstlerischen und musischen Aktivitäten sowie dem Besuch popkultureller Events wie Kinobesuchen oder Konzerten.[144]

Immerhin wird inzwischen anerkannt, dass soziale Einsamkeit auch politische Folgen haben kann. So richtig begriffen ist das Thema allerdings noch nicht, denn diese Bezüge scheinen vor allem das Leistungsspektrum des Ministeriums in dem Streit um Haushaltsmittel stützen zu sollen.

Die Daten aus dem Jahr 2021 zeigen ein signifikant niedrigeres Vertrauen in politische Institutionen wie die Polizei, die Parteien und Politiker und Politikerinnen sowie das Rechtssystem und den Bundestag, bei Personen mit erhöhter Einsamkeitsbelastung als bei Personen ohne erhöhte Einsamkeitsbelastung. Darüber hinaus glauben Personen mit erhöhter Einsamkeitsbelastung signifikant häufiger an eine politische Verschwörung als Personen ohne erhöhte Einsamkeitsbelastung. Im Einsamkeitsbarometer bezieht man sich daher auch auf die sogenannte Mitte-Studie.

---

[143] Einsamkeitsbarometer 2024, S. 11
[144] Siehe S. 39

In der letzten Mitte-Studie der Friedrich-Ebert-Stiftung über rechtsextreme und demokratiegefährdende Einstellungen in Deutschland 2022/2023 wird der Zusammenhang zwischen Einsamkeit und der Neigung zu rechtsextremen Einstellungen näher untersucht. Es zeigt sich, dass einsame Menschen häufiger selbst Diskriminierungen erfahren und zugleich eher bereit sind, andere soziale Gruppen abzuwerten, insbesondere in Bezug auf Antisemitismus und Sexismus. (siehe Abb. 12.3)

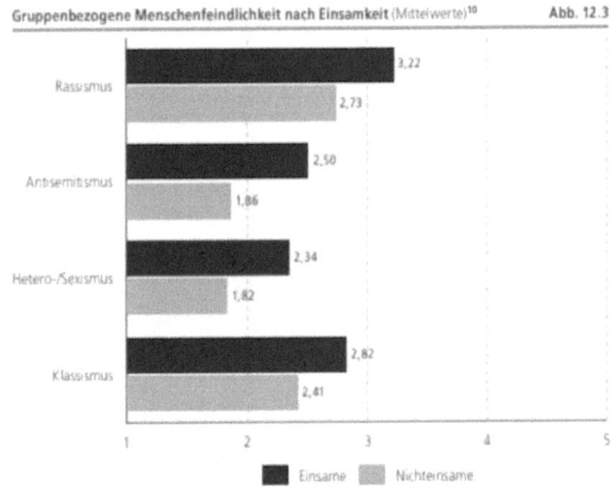

Einsamkeit führt wahrscheinlich auch dazu, dass Betroffene ihre eigene Unsicherheit durch die Abwertung anderer kompensieren, was wiederum die Distanz zu anderen Menschen verstärkt.

Das Bedürfnis nach sozialer Eingliederung kann einsame Menschen zudem dazu bringen, sich feindseligen Gruppen anzuschließen, um ihre Einsamkeit zu lindern. Einsamkeit schwächt das Vertrauen in Mitmenschen, Institutionen und die Umwelt und fördert feindselige Einstellungen sowie die Unterstützung populistischer politischer Parteien.

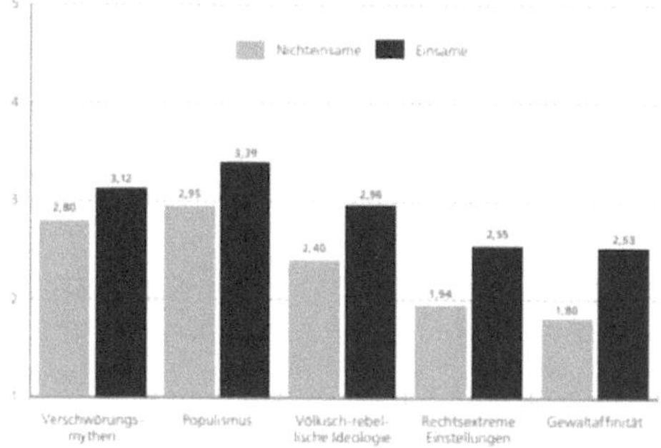

Anmerkungen Die Unterschiede wurden mittels multivariater Varianzanalyse kontrolliert für die Kovariaten *Alter, Haushaltseinkommen, Aufgewachsen in Ost- oder Westdeutschland* und *Gemeindegröße* geprüft; alle Unterschiede sind signifikant mit p < ,01, angegeben sind die arithmetischen Mittelwerte der zusammenfassenden Indizes, je höher der Wert, desto größer die Zustimmung auf der 5-stufigen Antwortskala

Einsame Jugendliche sind signifikant anfälliger für Verschwörungstheorien, autoritäre Einstellungen und die Billigung politischer Gewalt. Erstmals wurde in der Studie untersucht, wie sich Einsamkeit auf demokratiegefährdende Einstellungen auswirkt. Einsame Menschen fühlen sich häufiger an den politischen Rändern und als gesellschaftliche Minderheit, was ihre antidemokratischen Haltungen verstärkt.
Einsame Menschen vertrauen weniger demokratischen Institutionen und nehmen die Welt als feindseliger wahr. Das Gefühl von Einsamkeit kann dazu führen, dass Menschen sich gegen die Gemeinschaft wenden und demokratiegefährdende Positionen einnehmen.

Einsamkeit kann ein Teufelskreis sein, der Menschen weiter von der Gesellschaft entfremdet. Daher sind Prävention und Intervention gegen Einsamkeit wichtig, wobei es bisher wenig Wissen darüber gibt, was tatsächlich hilft. Einsame Menschen sind oft nicht isoliert, sondern mitten unter uns, und es bedarf geduldiger und aufmerksamer Ansätze, um sie wieder in vertrauensvolle soziale Kontakte zu integrieren. Einsamkeit kann als Indikator für eine Gesellschaft gesehen werden, die sich von der Demokratie und ihren Institutionen distanziert. Die Herausforderung besteht darin, inklusive und demokratische Begegnungsorte zu schaffen und das Integrationsversprechen der Demokratie zu erneuern, um Solidarität und Menschlichkeit zu fördern.

Dass es einen Zusammenhang zwischen dem Gefühl der „Loneliness" und der Zuflucht zu „Verschwörungstheorien" gibt, scheint auch durch eine aktuelle[145] norwegische psychologische Studie bestätigt zu werden.

In der Studie wurden von 1990 bis 2020 (28 Jahre!) 2215 Menschen von der Schulzeit bis zum Erwachsenenalter über den Zusammenhang zwischen Einsamkeit und der Zustimmung zu Verschwörungstheorien befragt. Im Abstrakt dieser Studie, die in „Nature" veröffentlicht wurde, heißt es: „Im Zeitalter von Fehlinformationen können Verschwörungstheorien weitreichende Folgen für den Einzelnen und die Gesellschaft haben. Soziale und emotionale Erfahrungen im Laufe des Lebens, wie z. B. Einsamkeit, können mit einer Tendenz zu verschwörungstheoretischen Weltanschauungen verbunden sein. Hier präsentieren wir Ergebnisse einer bevölkerungsbasierten Stichprobe von Norwegern, die fast drei Jahrzehnte lang von der Adoleszenz bis zur Lebensmitte beobachtet wurde (N = 2215). Wir untersuchen die Lebensverläufe der Einsamkeit der Teilnehmer mit Hilfe der latenten Wachstumskurvenmodellierung. Wir zeigen, dass Menschen, die über ein hohes Maß an Einsamkeit in der Adoleszenz berichten, und diejenigen, die im Laufe ihres Lebens zunehmend Einsamkeit erleben, in der Lebensmitte eher zu verschwörungstheoretischen Weltbildern neigen."[146]

---

145 In nature.com am 29.04.2024 veröffentlicht
146 Bierwiaczonek, K., Fluit, S., von Soest, T. *et al.* Die Entwicklung der Einsamkeit über drei Jahrzehnte hinweg wird mit

Verschwörungstheoretische Weltbilder sind bekanntlich der Wesenskern des Antisemitismus wie letztlich jeder Ideologie, die behauptet „den Stein der Weisen" gefunden zu haben.

Die Studie beruht erstmal nur auf Ergebnissen aus Norwegen, einer sehr reichen Wohlstandsgesellschaft mit hoher sozialer Inklusion. Um sie verallgemeinern zu können, müssten vergleichbare Untersuchungen in anderen Ländern folgen. Die Korrelation zwischen Einsamkeitserfahrungen in der Adoleszenz und dem Glauben an Verschwörungstheorien im mittleren Erwachsenenalter legt zumindest die Frage nahe, inwieweit die Bereitschaft „alles zum ärgsten zu denken" nicht eine Vorgeschichte, die auf „Verlassenheit" fußt, hat.

Es dürfte interessant sein, wie die norwegische Politik auf diese Studie reagiert. Mir scheint die Plausibilität des Zusammenhangs, sich verlassen zu fühlen und diese Leere auch für andere herstellen zu wollen, jedenfalls plausibel genug, um das Problem genauer zu untersuchen bzw. sich Gegenstrategien auszudenken.

Die Widerstände dagegen liegen jedoch leider auf der Hand. Für Politiker*innen ist es schwierig ein scheinbar privates Phänomen wie Verlassenheit oder auch Einsamkeit zu thematisieren. Denn gesellschaftliche Probleme wie soziale Entfremdung, Einsamkeit, Verlassenheit, Armut, Obdachlosigkeit, soziale Diskriminierung im Schulsystem, sexuelle Gewalt in Familien oder auch Langzeitarbeitslosigkeit werden schnell als individuelle Psychofälle weginterpretiert. Das macht auch ein

---

verschwörungstheoretischen Weltanschauungen in der Lebensmitte in Verbindung gebracht.

internationaler Vergleich[147] deutlich. In den Ländern, in denen
Regierungen sich überhaupt schon mit „Einsamkeit" beschäftigt haben, wird Einsamkeit in der Regel als ein Problem der
mentalen Gesundheit behandelt. Es wird zwar eine Stärkung
des sozialen Zusammenhaltes angestrebt, aber die Fähigkeit
zur sozialen Interaktion wird eher als ein Problem des Einzelnen oder von Sozialarbeit angesehen. Man will das allgemein
gesellschaftliche Problem darin nicht sehen und deshalb verschwindet das Thema nach allgemeinen Bekenntnissen auch
meistens schnell wieder vom medialen Schirm. Mentale Probleme sind häufig mit einer Mauer von Scham eingehegt und
bringen keine Klicks. Die Politik hat das Problem noch nicht
wirklich als Handlungsfeld identifiziert, das liegt auch sicher
daran, dass es keine einfachen, pragmatischen Lösungen zu geben scheint. Es wäre daher vor allem die Aufgabe der Wissenschaft, den möglichen Zusammenhang zwischen Extremismus
und persönlicher „Abgehängtheit" näher zu untersuchen. Dabei sollte auch das Anliegen Hannah Arendts, dass aktives politisches Handeln selbst schon ein sozialer Zusammenhang ist,
nicht zu kurz kommen.

Pluralität und Freiheit

Hitchcocks „Die Vögel" machen Angst, weil die Menschen in
Bodega Bay mit einer bedrohlich auf den Häusern sitzenden
wie aggressiv angreifenden Menge von Rabenvögel konfron-
tiert sind. Das ist eine Situation, die den klassischen Gegensatz
zwischen Natur und Mensch zelebriert. Die Natur, in dem Fall
die Krähen, steht für eine unberechenbare Wildheit und die
Dorfbewohner für Zivilisation und Sicherheit.

---

[147] Schwichtenberg, Leonie, Schröder, Karenina, Seberich, Michael
(2024): Jung und einsam - Internationale Perspektiven für ein neues politisches Handlungsfeld. Bertelsmann Stiftung;

Hannah Arendts Kategorie „Pluralität" hat diese Konnotation von Wildheit auch und ist allein deshalb ein schwer greifbarer Begriff. Im Deutschen gibt es für Pluralität das schöne Wort Vielheit, das sowohl die Wörter Menge und Masse beinhaltet, aber auch das Paradox, Viel- in einer Ein-heit ausdrückt. Das entsprechende lateinische Wort „turba" nimmt das Element der Wildheit auf und kann auch „unruhigen Menge", Verwirrung oder Chaos bedeuten.

Da ist es verständlich, wenn Menschen sich lieber als Einheit oder Einheiten erzählen. Diese finden sich im bis heute wirkmächtigsten Narrativ des jüdisch-christlichen Schöpfungsmythos: Adam und Eva als das Ur-Elternpaar oder gar der „Lonely Cowboy" Adam. Die Botschaft ist, alle Menschen stammen von einem Gott und einem Menschen ab. („ex uno homine"). Wenn man die geklonte Eva hinzuzählt, stammen alle Menschen von einem Elternpaar ab.

Diese Schöpfungsgeschichte hat zwei Vorteile, deshalb ist sie auch so erfolgreich. Zum einen steht der *erste* Mann, Adam, in direkter Nachfolge des *einen* Gottes, das wird verstärkt durch den Zusatz der Ebenbildlichkeit. Zum anderen wird eine strikte Abgrenzung zu Tieren vorgenommen, Menschen und Tiere sind beides Schöpfungen des einen Gottes. Der Mensch ist aber einmalig, während die Tiere schon von Anfang an immer viele sind, die sind in unterschiedlichen Rassen aufspalten.

In dem Punkt der Einmaligkeit des Menschen liegt auch ein emanzipatorisches Potential, denn wenn es keine verschiedenen Rassen gibt, sind alle Menschen als Nachfahren Adams gleich. Diese Geschichte war daher auch als Begründung für universelle Menschenrechte gut geeignet. Der Schöpfungsmythos rechtfertigte so die Philosophie vom Naturrecht. Denn die Menschlichkeit, die sich nur auf einen oder eine Familie (Adam und Eva) zurückverfolgen lässt, gilt dann für alle Menschen gleich, sie ist universell. Margot Friedländer redet deshalb gern von dem gleichen Blut, welches durch die Adern aller Menschen fließt und keinen Unterschied macht zwischen Juden Christen oder Muslimen.

Das Konzept der Pluralität, wie Arendt es entwickelt, beantwortet die Frage, „Wer ist der Mensch?" gar nicht, sondern beginnt eine Ebene tiefer. Dass Menschen viele sind und dass sie genetisch verschieden sind, ist eine empirische Feststellung. Arendt macht erst gar nicht den Versuch, eine Gleichheit, die mehr ist als die Definition der Spezies Menschengeschlecht, zu konstruieren. Wenn aber alle Menschen verschieden sind, dann ist die Gottesebenbildlichkeit dahin wie auch bei der Darwin'schen Kränkung, die den Menschen als evolutionäres Produkt eines langen Prozesses von organischem Leben auf der Erde beschreibt. [148] Nach dem Zusammenbruch dieser schönen Illusion, ein von Gott exklusiv ausgewähltes gottesähnliches Geschöpf zu sein, bleibt uns Menschen nicht anderes übrig als mit unserer Vielheit umzugehen.

Das erfordert auch ein Umdenken in den Wissenschaften, vor allem auch der Wissenschaft der Politik. Denn unser kulturelles Erbe, ob in der Philosophie oder der Theologie, auch in der Biologie, Psychologie oder der Medizin hat sich immer nur mit **dem Menschen** beschäftigt und so getan, als seien alle ihre Aussagen, die sie für den Menschen gemacht hat, auch für alle anderen gültig. Aber es gibt diesen einen Menschen nicht. Das ist deshalb so wichtig, weil sich nur daraus die herausragende Bedeutung des Sprechens und Handelns ergibt. Das, und nicht der Werkzeuggebrauch, macht die Überlegenheit von miteinander kooperierenden Menschen im Streit um Ressourcen gegenüber Tieren aus. Und, so Hannah Arendt, dieses

---

[148] Komischerweise ist aber auch in der Evolutionstheorie in der Regel von der Abstammung vom (von DEM EINEN) Affen die Rede.

gemeinsame Handeln ist nur ein anderer Ausdruck für Politik. „Politik handelt von dem Zusammen- und Miteinandersein der Verschiedenen."[149]

Wenn man Geschichte als Herrschaftsgeschichte und Politik als Machtinstrument einzelner Personen ansieht, dann verschwindet dieses Momentum, dass Macht letztlich immer viele Menschen braucht, die sich zu gemeinsamer Aktion zusammenfinden. Politik mag im Luhmann'schen Sinne ein besonderes System sein, welches eigene Spielregeln hat, aber ohne Menschen, die diese Politik tragen, geht es nicht, jedenfalls dann nicht, wenn keine Gewalt als Hobel eingesetzt wird. Im letzteren Fall landet man schnell bei einer Politikvorstellung, die sich nach den Prinzipien „Wo gehobelt wird, fallen Späne." oder „Der Zweck heiligt die Mittel." organisiert.

Arendt geht dagegen von der vielleicht etwas idealistischen Sichtweise aus, dass der Bereich des Politischen ein Bereich ist, der alle gleichermaßen angeht. Das ist eine republikanische Sichtweise der Politik. Statt republikanisch verwenden wir im Deutschen, aber auch international, heutzutage eher demokratisch. Die Unterschiede sind gering, „republikanisch" betont die Gleichheit aller Staatsbürger im Gegensatz zur Monarchie, während demokratisch eher den Wahlmodus (one man, one vote) beschreibt und betont, dass ein Wechsel in den Machtpositionen bei jeder Wahl denkbar ist. Arendt zitiert dazu Clemenceau: Die Affäre eines Einzigen ist die Affäre aller. („L'Affaire d'un seul est l'affaire de tous.") und sie übersetzt: „Das Unrecht, das öffentlich einem Einzigen geschieht, ist die Angelegenheit aller Bürger, ist öffentliches Unglück."[150]

---

[149] Arendt, Hannah: Denktagebuch. S.16
[150] Arendt, Hannah: Denktagebuch. S.12

Dieses Politikmodell ist ein kompliziertes Unterfangen, wenn alle mitgenommen werden sollen. Denn es setzt ein wichtiges Paradigma voraus, die Freiheit jedes Einzelnen. Oder anders ausgedrückt: „Die Unvoraussehbarkeit der Andern – d.h. ihre Freiheit - können wir nur ertragen, wenn wir uns wenigstens auf uns selbst verlassen können."[151]

Doch was brauchen Menschen, um sich auf sich selbst verlassen zu können? Um im demokratischen Prozess ein ernst genommener Player zu werden, braucht man erstens Zeit. Der Doyen der Kritischen Theorie Axel Honneth erläutert das so: „Wer aufgeklärt an der politischen Willensbildung mitwirken will, muss über hinreichend Zeit verfügen, um sich die erforderlichen Informationen zu beschaffen, um an Diskussionen zur Klärung der eigenen Überzeugungen teilzunehmen und um schließlich mit sich selbst zurate gehen zu können. Fehlt es aber aufgrund zeitlich belastender Arbeitsverhältnisse und aufgrund der Auszehrung am Arbeitsplatz an zeitlichen Spielräumen, um Muße zur politischen Selbstverständigung zu finden, so wird man kaum in der gewünschten Weise am demokratischen Prozess der Willensbildung teilhaben können."[152]

Axel Honneth liegt auch in seinem zweiten Punkt nahe bei Arendt: „Zweitens bedarf diese Teilnahme aber auch des Gefühls, dass die eigenen Überzeugungen überhaupt eine öffentliche Wirkung und Relevanz besitzen. Wer am Arbeitsplatz tagtäglich die Erfahrung machen muss, dass der eigenen Stimme keinerlei Bedeutung in Hinblick auf die Organisation der Arbeit zukommt, sondern stattdessen, dass die eigenen Vorstellungen und Absichten nicht zählen, wird ein solches Gefühl der Selbstwirksamkeit nicht entwickeln können." [153]

---

151 Arendt, Hannah: Denktagebuch. S. 74
152 Axel Honneth, im Interview mit Lisa Friedrich
153 ebenda

Drittens braucht man, wie die freien Bürger*innen der Polis, ein gesichertes Einkommen und viertens einen anerkannten sozialen Status als freier Bürger, der als ebenbürtig von den anderen Bürgern und Bürgerinnen respektiert wird. Vor diesem Hintergrund sieht Axel Honneth ein Problem für eine demokratische Teilhabe aller Bürger*innen im Widerspruch, zwischen den Sphären der Arbeit und der Demokratie. Sie bilden seiner Meinung nach „normative Gegenwelten". Auch dem würde Hannah Arendt zustimmen, denn genau darin, sieht sie das Problem, wenn man „Arbeit" und die „Arbeitsgesellschaft" als das ganze Leben dominierenden Faktor ansieht. Dieser Widerspruch ist nicht auflösbar, wenn man politisch davon ausgeht, dass sich weder die Arbeitswelt noch die Formen der Demokratie ändern können.

Eine Demokratisierung, die politische Verantwortung für das Gemeinwesen zu den Menschen zurückbringt, kann sicher manchmal auch als ineffektiv kritisiert werden. Effektivität, übersetzt als die Schnelligkeit der Umsetzungsprozesse, ist sicher schon eine „Schwäche" der parlamentarischen Demokratien. Um wieviel langsamer werden Demokratien sein, wenn sie die Teilhabe von allen Bürgern ermöglichen?

Ja, Diktaturen wie China oder Saudi-Arabien sind in der Umsetzung von Großprojekten schneller. Doch was heißt das? Sind Effektivität und Schnelligkeit der Maßstab für politisches Handeln oder eher der soziale Zusammenhalt von Menschen, die sich für ihre Angelegenheiten interessieren? Oder ist das System vielleicht effektiver, was weniger fehleranfällig ist, weil es viele Stimmen zulässt?

In großen Teilen der AfD gibt es Sympathien mit Diktaturen wie Russland oder China, das verwundert auch nicht, wollen sie doch ein ähnliches politisches System. Problematisch wird die Zustimmung für autokratisches Regieren bei unpolitischen, sich aber von den demokratischen Parteien nicht mehr repräsentiert fühlenden Menschen. Die wollen von der Politik nicht behelligt werden, sondern ihnen ist, wenn der eigene Wohlstand gesichert ist, eine Diktatur wie die der kommunistischen Partei Chinas recht. Solange der Deal zwischen Volk und Herrschenden, dass das System den eigenen Wohlstand garantiert, funktioniert, gibt es deshalb auch eine große Zustimmung zu Xi, Putin oder Trump.

Koppelt sich Unpolitisch-Sein mit sozialer Entfremdung, dann geraten rational argumentierende Politikern oder Journalisten schnell in große Probleme, mit Tatsachenwissen noch zu den Menschen durchzudringen. Menschen sind nicht wesentlich rational bestimmt, sondern gerade auch in der Politik trifft die Beobachtung der amerikanischen Bürgerrechtlerin und Autorin Maya Angelou zu, dass Menschen vergessen, was jemand gesagt hat, sie vergessen, was jemand gemacht hat, aber die Leute werden niemals vergessen, welches Gefühl jemand ihnen gegeben hat. Auch deshalb widersprechen sich Umfragen zum Wahlverhalten und Umfragen über gesellschaftliche Positionen häufig. Es kommt eben nicht, wie Parteiprogramme suggerieren, in erster Linie auf Inhalte an, sondern auf das Gefühl, welches Menschen mit den Politikern verbinden und was ihre eigene Situation bestimmt.

Die Probleme der Verlassenheit anzugehen ist kein einfacher Schritt wie die Erhöhung des Mindestlohns, sondern ein langwieriger Prozess, bei dem Erfolge nicht immer sichtbar sein können. Es ist letztlich eine Wette auf die Zukunft.

Auch wenn die Krisen heute sich in vielerlei Hinsicht von denjenigen der Weimarer Republik unterscheiden, sind die Defizite in Bezug auf die demokratische Teilhabe vor Ort immer noch nicht gelöst. Das Problem wird verschärft, wenn es stimmt, dass die Distanz zwischen den politischen, wissenschaftlichen und medialen Eliten und der Normalbevölkerung immer größer geworden ist. Dieser Verlust an Vertrauenswürdigkeit kann nur durch mehr aktive Einbeziehung der „normalen" Bürger*innen verringert werden.

Arendt fordert nicht eine Kopie der aktiven Parteipolitiker*innen, „kein hochtouriges Dauerengagement aller Bürger*innen, aber doch eine vorbildgebende Rolle politischen Engagements und eine politische Kultur, die republikanischen Geist prämierte."[154] Hannah Arendt sah die öffentliche Meinung und das „Miteinander-Reden" als den Kern des Politischen.

„Wo immer es um die Relevanz von Sprache geht, kommt Politik notwendigerweise ins Spiel; denn Menschen sind nur darum zur Politik begabte Wesen, weil sie mit Sprache begabte Wesen sind." (VA 11) Sprache bildet die einzige Möglichkeit, sich zu verständigen. Sprache konstituiert Erfahrung und ist unser Medium zur Erschließung der Welt und Sprache ist die Grundlage für politische Entscheidungen. **Deshalb müssen wir reden, miteinander und gegeneinander reden, das ist aktive Politik gegen den Hass.**

Im 21. Jahrhundert – vielleicht auch mit digitalen Plattformen – müsste es doch möglich sein, Verlassen-Sein als Produkt der modernen Massengesellschaft in Verlässlichkeit und soziale Inklusion umzukehren und nach Gegenstrategien gegen die Welt-Losigkeit zu suchen, die ein neues „In-der-Welt-Zuhause-sein" zum Ziel haben. Restauration alter Verhältnisse ist dabei eine Scheinlösung. Ein naheliegender Gedanke wäre zum

---

[154] Jens Hacke (2023): Denken am Abgrund. Hannah Arendts monumentale Geschichte totalitärer Gegenwart – Nachwort in: Hannah Arendt (2023): Elemente und Ursprünge totaler Herrschaft. Neuedition. S. 1126

Beispiel, ein Rebuilding von sozialen Klassen als homogenen Handlungsraum anzustreben. Aber der Zug Klassengesellschaft ist abgefahren und eine Renaissance der Klassengesellschaft ist nicht wünschenswert und auch nicht zu erwarten. Klassen als formale soziale Kategorie mag es noch geben[155], aber im Gegensatz zum 19. Jahrhundert fehlt das Bewusstsein, Teil einer Klasse gegen oder getrennt von anderen zu sein. Alle sind Teil einer Massengesellschaft, die aus verschiedenen Lebens- und Konsummilieus besteht. [156]

Wenn das „Verlassensein" eine der größten Kollateralschäden ist, welche die moderne kapitalistische Arbeitsgesellschaft produziert, muss man in der Politik wie in der Zivilgesellschaft darüber nachdenken, wie man das, was man verloren hat, wieder aufrichtet. Letztlich geht es um die Frage: Welche Gesellschaft, welchen Wohlstand wollen wir? Oder besser: Wie wollen wir zusammenleben? Wofür soll der private Wohlstand verwendet werden?

Dabei geht es mir aktuell erstmal darum, Horizonte im Denken zu öffnen. Eine Neu-Politisierung des Gemeinwesens kann man nicht herstellen wie einen Tisch oder einen Stuhl, sondern

---

[155] Siehe z.B. Andreas Reckwitz, der in seinen Büchern „Die Gesellschaft der Singularitäten" und „Das Ende der Illusionen" neue Klassenstrukturen in Spätmoderne entdeckt zu haben glaubt.

[156] Siehe SINUS-Milieu-Studien. Danach umfassen die Mittelklasse folgende Milieus: Neue Mittelklasse (31% Anteil mit steigender Tendenz) davon das liberal-intellektuelle Milieu (7%), das sozial-ökologische Milieu (7%), das expeditive (extravagante) Milieu (9%), die Performer (8%). Die alte (traditionelle) Mittelklasse (34% mit sinkender Tendenz), dazu zählt das Milieu der bürgerlichen Mitte (13%), das konservativ-etablierte Milieu (10%), das adaptiv-pragmatische Milieu (11%) und das traditionale Milieu der Ruheständler (11%), dieses teilt sich auf in Mittelklasse und Unterklasse. Dazu käme die prekäre Unterschicht mit einem Anteil von ca. 34%. Die superreiche Oberschicht hat dagegen nur einen Anteil von einem Prozent.

das Ziel, aus apolitischen Menschen politische Akteure zu machen, ist ein langfristiges Projekt, denn da geht es um den regelmäßigen Austausch von Meinungen und dazu benötigt man öffentliche Räume, die für alle zugänglich sind. Politik ist keine Manufaktur, in der die Pläne zur Herstellung einer „besseren" Welt handwerklich, ohne Rücksicht auf Verluste, in Produkte umgesetzt werden. Deshalb geht es hier nicht darum, fertige Konzepte für die Manufaktur Demokratie auszuarbeiten, sondern erstmal nur darum, Strukturen zu schaffen, die eine politische Öffentlichkeit ermöglichen.

Aus der Perspektive der Kritischen Theorie greift auch Axel Honneth das Problem des Konflikts zwischen den Anforderungen der modernen Arbeitsgesellschaft und den Möglichkeiten der politischen Willensbildung auf[157]: „Gegenwärtige Demokratietheorien sprechen ja mit Recht von der normativen Notwendigkeit, dass alle Bürgerinnen und Bürger gleichberechtigt am deliberativen Prozess der demokratischen Willensbildung teilnehmen können sollten. Gleichzeitig sehen sie aber beflissentlich davon ab, dass diese Mitwirkungschancen in einem enormen Ausmaß von den Arbeitserfahrungen und -verhältnissen bestimmt werden."[158] Zeitfenster für politische Tätigkeiten außerhalb des Arbeitsplatzes könnten zum Beispiel Teil von Tarifverträgen werden, frei nach dem Motto: Mittwochs frei für die Partei.

Ein Erfolg von totalitären Bewegungen in der Geschichte zeigt, dass sich in Demokratien, und vor allem auch in Deutschland, leicht zwei Irrtümer einschleichen können: Die Illusion, dass alle Einwohner eines Landes auch Bürger sind, die ein aktives Interesse an öffentlichen Angelegenheiten haben. Und dass jeder Bürger, auch wenn er nicht wählte, doch mit irgendeiner

---

[157] Axel Honneth (2021) im Interview mit Lisa Friedrich
[158] ebenda

Partei sympathisierte und sich von ihr auch vertreten fühlte. Die totalitären Bewegungen beweisen, dass politisch neutrale, indifferente Massen in einer funktionierenden Demokratie zur Mehrheit werden können. Und zweitens die Vorstellung, dass man auf keinen Fall etwas am politischen System der parlamentarischen Repräsentation ändern darf. Aus gutem Grund haben die Mütter und Väter des Grundgesetzes Lehren aus dem Fall der Weimarer Verfassung gezogen, die Elemente von direkter Demokratie wie Volksabstimmungen für die Bundesebene ausschlossen und die Stellung des Bundespräsidenten im Wesentlichen als repräsentativ festgelegt. Leider wurde jedoch zum Beispiel 1990 – auch aus Zeitdruck - die große Chance versäumt, für das wiedervereinigte Deutschland eine neue Verfassung zu erarbeiten. Das Modell der Runden Tische als ein Beispiel hätte als ein Element aus den neuen Bundesländern den Vereinigungsprozess positiv befruchten können. Nicht zuletzt auch deshalb, weil so die Arbeit derjenigen, die die friedliche Revolution wesentlich getragen haben, anerkannt worden wäre.

Wenn man sich auf einen offenen demokratischen Prozess einlässt, dann muss das nicht immer positiv ausgehen. Aber ohne das „Wagnis der Öffentlichkeit" und den Mut zur Spontaneität wird die Freiheit nicht zu bekommen sein. Und die Gefahr wächst, dass die „schweigenden", von allen guten Geistern verlassenen Mit-Bürger, wenn es mal wirklich ernst wird, leichtes Opfer von ideologischen Bewegungen werden. Zumal die noch argumentierenden Medien mehr und mehr gegen die Flut von Ego-Shootern in den Social Media in die Defensive geraten und auch bei uns ganze Landstriche von lokalen Zeitungen aufgegeben (abgehängt) werden.

Dem entgegenwirken können nur konkrete Erfahrungen, die von gelingender Kommunikation und erfolgreicher Partizipation erzählen. Politische Freiheit will erlebt und geschätzt werden, denn sie unterscheidet sich von dem, was man als private Freiheit oder als Meinungsfreiheit, ob in Medien oder der Wissenschaft kennt.

„Die politische Freiheit unterscheidet sich von der philosophischen Freiheit dadurch, dass sie eindeutig eine Sache des Ich-kann und nicht des Ich-will ist. Da sie dem Bürger und nicht dem Menschen überhaupt zukommt, kann sie sich nur in Gemeinschaften zeigen, wo die vielen Zusammenlebenden in Wort und Tat miteinander verkehren, geregelt durch Rapports – Gesetze, Sitten, Gebräuche und Ähnliches. Mit anderen Worten die politische Freiheit ist nur möglich in der Sphäre der menschlichen Pluralität und unter der Voraussetzung, dass diese nicht bloß eine Erweiterung des dualen Ich-und-ich zu einem pluralen Wir ist."[159]

Oder wie im Versuch neue Formen des Zusammenlebens auszuprobieren. In Hitzacker-Land wohnen 70 Erwachsene und 30 Kinder mit politischem Anspruch zusammen. Regelmäßig trifft man sich zur gemeinsamen Beratung über die nächsten Schritte: „An diesem Abend sitzt fast das ganze Dorf zwei Stunden lang im kleinen Amphitheater zusammen, einem der Treffpunkte im Dorf. Es gibt Gesprächsbedarf. Die Kinder spielen nebenan auf der Dorfstraße, manch einer räumt aber auch die Wäsche weg oder arbeitet im Garten. Niemand muss dabei sein, aber viele sind es. Weil es das ist, was sie hier verbindet und was sie anderen vorleben möchten: Nicht aneinander vorbei zu leben und sich anzuschweigen, sondern miteinander reden. Auch, wenn manches dadurch länger dauert."[160]

Mut zu mehr demokratischer Öffentlichkeit heißt deshalb zweierlei: Zum einen muss man das Vertrauen haben, dass

---

[159] Arendt, Hannah (1979): Vom Leben des Geistes. S. 426
[160] Gundlach, Marie (2024): Gemeinschaftsprojekt Landleben.

Menschen in der Lage sind, sich um ihre Angelegenheiten zu kümmern. In der deutschen Nachkriegsgeschichte ist ein Narrativ entstanden, dass man den Deutschen nicht so viel zutrauen dürfte. Regierungshandeln müsse daher immer so sein, dass es keine zusätzlichen Belastungen gäbe und größere Veränderungen ausgeschlossen seien. Das ist allerdings auch die Begründung für ein rein paternalistisches Regieren. Nicht die Probleme („Affären") zählen, sondern die Angst vor dem deutschen Volk, denn es könnte ja sonst mal wieder durchdrehen. Dieses Narrativ muss auf den Müllhaufen der Geschichte geschmissen werden, sonst sind die Krisen der Gegenwart nicht lösbar. Zum anderen muss die Politik den Mut haben, auch öffentlichen Räume neben Parteibüros und Parlamenten nicht nur zuzulassen, sondern aktiv zu befördern.

Annette Vowinckel hat einen Punkt, wenn sie dabei auf Hannah Arendts Sicht auf die amerikanische Verfassung rekurriert. „Allein die amerikanischen founding fathers sahen, dass sich im spontanen Handeln nicht der Weltgeist oder irgendeine andere transzendente Größe offenbart, sondern allein die Person, die im Handeln ihr Glück sucht. Dieses Streben nach Glück wurde unter dem Stichwort pursuit of happiness als Grundrecht in die Verfassung aufgenommen, weil die amerikanischen im Gegensatz zu den europäischen Revolutionären erkannten, dass »keiner ›glücklich‹ genannt werden kann, der nicht an öffentlichen Angelegenheiten teilnimmt, dass niemand frei ist, der nicht aus Erfahrung weiß, was öffentliche Freiheit ist, und dass niemand frei oder glücklich ist, der keine Macht hat, nämlich keinen Anteil an öffentlicher Macht«"[161] [162]

Eine Gesellschaft, die resilient gegen totalitäres völkisches Denken werden soll, muss lernen, zu reden – mit- und

---

[161] Arendt, Hannah: Über die Revolution. S.326f.
[162] Vowinckel (2015), S. 75

gegeneinander. Wir wissen nicht, was dabei herauskommen wird, das wird man - wie immer – erst im Nachhinein sehen und dann neu beurteilen müssen. Und dazu werden öffentliche Räume und öffentliche Angebote gebraucht.

Ein Konzept, welches noch ziemlich neu ist, nennt sich Soziale-Orte- Konzept[163]. Dieses Konzept macht die Fragen nach der Gestaltung des gesellschaftlichen Miteinanders zu einer Frage der neu zu schaffenden „Sozialen-Orte". Denn der gesellschaft-liche Zusammenhalt sei nicht einfach da, sondern müsse sozial und demokratisch gestaltet werden. „Das Soziale-Orte-Kon-zept wird von der Einsicht getragen, dass wir nicht in einer »Gesellschaft der Singularitäten« (Reckwitz, Die Gesellschaft der Singularitäten.) ohne Solidaritäten leben (können); und es führt zu der Erkenntnis, dass gerade der liberale, soziale und demokratische Verfassungsstaat eben auch von Voraussetzun-gen lebt, die er selbst aktiv schaffen kann und schaffen muss. Deshalb möchte das Soziale-Orte-Konzept dazu beitragen, die Gleichwertigkeit der Lebensverhältnisse als soziales und de-mokratisches Integrationsversprechen der Bundesrepublik zu bekräftigen und zu erneuern. Auf die zunehmende territoriale Ungleichheit reagiert das Soziale-Orte-Konzept mit einem Per-spektivwechsel: Im Unterschied zur Industriegesellschaft mit ihren fixen lokalen Institutionen stiftet heute immer weniger der Ort den gesellschaftlichen Zusammenhalt, sondern immer häufiger ist es der gesellschaftliche Zusammenhalt, der sich sei-nen (neuen) Ort sucht."[164]

Dem kann ich mich nur anschließen, mir geht es aber wesent-lich um die politische Selbstwirksamkeit der Bürgerinnen und Bürger. Diese müssen dann selbst entscheiden, welche sozialen

---

[163] Kersten, Neu, Vogel (2022): Das Soziale-Orte-Konzept. Zusammen-halt in einer vulnerablen Gesellschaft.
[164] Ebenda S.10

Orte sie brauchen. Im Mittelalter versammelten sich die Menschen um die Kirche oder metaphorisch ausgedrückt um den Kirchturm, dieser wurde in der Moderne durch das Warenhaus ersetzt, mein Wunsch wäre es, die Warenhäuser würden zu Häusern der Demokratie gemacht.

Ich würde, wenn ich Teil des Projektes Demokratisierung wäre, mit einem großen Wurf Raum für einen Neuanfang schaffen: Aus dem Bundeshaushalt[165] werden 1000 Häuser für Pluralität und Demokratie[166] finanziert. In diesen Häusern sollten Bürgerversammlungen (town hall meetings) zu interessanten Themen möglich werden. Diese Häuser sollten aber auch niederschwellig für Familienfeiern, Tanzveranstaltungen, Feste und andere soziale Aktivitäten offen sein, um die Niedrigschwelligkeit zu bestärken. Ein Haus der Bürger*innen[167] eben. Das wäre ungefähr ein Haus für alle Städte über 20.000 Einwohner und für die Großstädte entsprechend mehr. Dass ist machbar und eher billig, wenn es funktionieren sollte. Vor Ort können auch Bürgerhäuser oder ehemalige Kaufhäuser diese Funktion übernehmen. Das Ganze ließe sich z.B. durch einen Demokratie-Soli finanzieren.

Für den laufenden Betrieb wird das Projekt für Vereine, die sich dafür anbieten, ausgeschrieben. Die Versammlungen sollten sich von belehrenden Podiumsdiskussionen oder Expertenhearings so unterscheiden, dass keine scharfe Trennung

---

[165] Das kann natürlich auch von den Ländern oder Gemeinden selbst getragen werden, nicht meine Entscheidung.

[166] Das wäre auch ein Zeichen für die Verteidigung nicht nur militärisch, sondern auch zivil.

[167] Ich muss gestehen, ich stellte mir anfangs eher eine Männerversammlung vor. Doch, die Wahrscheinlichkeit für einen Neuanfang steigt sicher, wenn Frauen das für sich entdecken, deshalb sind bei „Bürgerinnen" auch Bürgerinnen gemeint und Männer eher mitgemeint.

in Podium und Publikum vorgenommen wird, sondern jede
Stimme ernst genommen wird. Diese Häuser sollten das Ziel
haben, eine Ahnung davon zu entwickeln, dass es wahre Freiheit ist, wenn man mit anderen über Politik debattiert. Arendt
zitiert dazu den amerikanischen Revolutionär John Adams, der
für sich und andere feststellte, dass die sich zuerst „gegen ihre
Erwartung berufen und entgegen ihrer Neigung sich gezwungen sahen", dann feststellten, dass es „das Tätigsein und nicht
die Ruhe ist, woran Menschen sich erfreuen".[168]

Wenn die alten Spielregeln nicht mehr gelten oder nicht
mehr wirken, und da ist der Zivilisationsbruch der Massenmorde Beweis genug, muss man ein neues Verständnis von
Politik entwickeln. Das Politische muss zurückgebracht
werden zu den Menschen, die sich schon davon verabschiedet haben und potenzielle Opfer von totalitären Ideologien
werden können.

Die von Arendt präferierte Idee eines Rätesystems demokratischer Legitimität hat aktuell ein zartes Schwesterchen produziert, die **Bürgerräte**, in die Bürger per Los gesandt werden. Der
erste Bürgerrat auf Bundesebene zu Ernährung hat gezeigt,
dass diese Form der Beteiligung gute Ergebnisse erzeugen
kann. Daran sollte man weiterarbeiten, vor allem bei scheinbar
nicht lösbaren politischen Themen wie Migration oder Steuer-
gerechtigkeit. Entscheidend für den Erfolg dieser Bürgerräte
wird allerdings sein, ob die Parlamente die Ergebnisse auch in
das Gesetzgebungsverfahren miteinfließen lassen.

Bürger, die zusammenkommen, werden sich nicht mit dem Pa-
laver allein zufriedengeben, sondern politische Forderungen
aufstellen, gehört werden wollen. Demokratie wie wir sie kennen, wird sich dieser Entwicklung anpassen müssen oder

---

[168] Zitiert nach Arendt, Hannah: Über die Revolution. S. 47

untergehen. Dabei muss man sich nicht auf Modelle wie die Agora in Athen beziehen, sondern auch Online-Abstimmungen wie
sie die Piratenpartei forderte, könnten lokal nach entsprechender analoger Vorbereitung Chancen bieten.

Doch selbst wenn es die Strukturen für eine neue politischere Öffentlichkeit geben würde, müssen wir begreifen, dass totalitäre Ideologien nicht genauso funktionieren wie eine problemorientierte, rationale Politik im Sinne Max Webers. Totalitäre Bewegungen kann man nicht verstehen, wenn man von der Prämisse ausgeht, dass jede Politik oder Ideologie einen utilitaristischen Kern haben. Diese Sicht orientiert sich noch an der Entstehungsgeschichte der Parteien als Interessenvertretungen von Klassen. Entscheidend dafür war der Nutzen, den eine politische Maßnahme für die eigene Klientel hatte.

Der „gesunde Menschenverstand", der die Politik nach dem „cui bono" beurteilt, der versteht nicht, dass es auch eine „vollständige Verachtung alles greifbaren Nutzens" gibt und eine große Gleichgültigkeit der Massen gegenüber ihren eigenen materiellen Interessen herrscht. Es geht ihnen gar nicht um die materielle Verbesserung ihrer Lage, sondern um ihren Status, ihren Anspruch auf Überlegenheit und die Eingliederung in eine Bewegung, nicht zuletzt auch, um raus zu kommen aus der Situation des Alleingelassensein. Auch deshalb ist es zentral, eine Antwort auf das Problem der Verlassenheit zu finden. Dabei hilfreich sind sicher auch stabile persönliche Beziehungen. Der Zusammenhalt zuhause (Familie, Heimat, Milieu, Bubble) hat, wenn man neueren Studien Glauben schenkt, Auswirkungen auch auf die politische Wahlentscheidung.

Gemeinden fühlen sich mit Recht abgehängt, wenn es dort weder eine Bäckerei noch ein Lebensmittelgeschäft gibt und

Busse, wenn überhaupt, nur zweimal täglich halten. Aber vor allem Dorfkneipen oder englisch „Public Houses" waren die Orte, wo sich „Welt" und sozialer Zusammenhalt konstituierte.

In England haben Einwohner eines Dorfes in Nordengland die Schließung ihres Pubs nicht hingenommen. Nachdem ihr Pub "Crooked House" aus Spekulationsgründen brandsaniert worden war, haben sie mit der Forderung "We want beer & justice" ihr Recht auf einen Pub deutlich gemacht. Dieser einfache Appell vereint die Themen Geselligkeit, Gerechtigkeit und der Umgang mit historischen Gebäuden.[169] Die kleine Anekdote zeigt, dass zu den Stützen wie Heimat und Beständigkeit auch die Geselligkeit in einer Kneipe oder einem Pub gehören kann, deren Vernichtung durch Spekulation oder Renditeinteressen eine Frage der sozialen Gerechtigkeit wird, wenn diese Orte für ein In-der-Welt-zuhause-sein existenziell sind. Das Thema Geselligkeit ist nicht neu, aber heute offensichtlich auf dem absteigenden Ast.

Da lohnt ein Blick zurück ins frühe 18. Jahrhundert, dem Zeitalter der bürgerlichen Aufklärung. Da ist „Geselligkeit ein natürliches Bedürfnis und ein sozialethisches Erfordernis zugleich. (…) Ein rechter Mensch ist ein geselliger Mitmensch, im eigenen Interesse und zugleich im Sinne der Vorsehung, die es auf die Glückseligkeit aller in dieser aufs Beste geordneten Welt abgesehen hat. Wechselseitig ist diese Glückseligkeit zu befördern. Ein Tugendhafter ist also gesellig, Geselligkeit und Tugend sind nicht zu trennen."[170] Diese Geselligkeit war für das sich gerade entwickelnde bürgerliche Selbstbewusstsein sowohl ein natürliches Bedürfnis als auch ein sozialethisches Erfordernis. Aber diese

---

[169] Süddeutschen Zeitung vom 17.8.2023: Neudecker (2023)
[170] Wolfgang Martens(1993), S. 173

Geselligkeit war noch von der Akzeptanz der Ständeunterschiede geprägt. In der zweiten Hälfte des 18. Jahrhunderts war man in Paris schon einen Kaffee weiter. Den Pariser Intellektuellen, Adeligen wie Bürgerlichen, war klar, Ideen brauchen Austausch, brauchen Diskussionen und Gesellschaft, um sich weiterzuentwickeln, dafür gab es Cafés und Salons. Vor allem Salons, denn vor den Spitzeln des absolutistischen Systems war man nur in Salons sicher, wo unter dem Schutz eines wohlhabenden Privathauses, das sich seine Gäste aussuchen konnte, frei diskutiert und gestritten werden konnte. [171]

Was uns heute fehlt, ist eine „In-der-Welt- Zuhause-sein"-Strategie, getragen von einer republikanischen Geselligkeit, die sowohl den Respekt vor dem Besonderen im anderen Menschen beinhaltet, als auch das Allgemeine, das Gemeinwohl, immer im Auge hat. Geselligkeit ist insofern keine Lust-und-Laune-Angelegenheit, sondern Teil der Selbstbestimmung, bei der man sich bewusst ist, dass Pluralität und Gemeinsinn zusammengehören.

Pluralität, möchte man annehmen, drückt sich so gut wie nie in der milliardenfachen Nutzung von Social-Media-Plattformen aus. Das war sicher auch die Hoffnung, als zum Beispiel Facebook gegründet wurde. Doch inzwischen haben die Geschäftsmodelle der marktbeherrschenden Akteure das, was Frank Schirrmacher schon 2013 in seinem Buch „Ego" beschrieben hat, zur Perfektion gebracht: Die Funktionsweise der Belohnung durch Algorithmen erzeugt Egos, die gar nicht daran interessiert sein dürfen, wenn sie „erfolgreich" sein wollen, die Gegenüber wertzuschätzen. „Wir erleben die neue Ära des Informationskapitalismus. Er hat damit begonnen, die Welt in einen Geisteszustand zu verwandeln. Er tut und plant große

---

[171] Siehe Blom, Philipp (2013): Böse Philosophen.

Dinge. Er will Gedanken lesen, kontrollieren und verkaufen. Er will Risiken vorhersagen, einpreisen und eliminieren. Sein Hirn ist unablässig damit beschäftigt, herauszufinden, was Menschen tun, sagen, kaufen und welche Spielzüge sie als Nächstes planen. Wo immer sie ihm begegnen, treffen sie auf ein System, das alles immer besser weiß. Es spricht den Menschen das Recht ab, sich der Umwelt anders darzustellen, als sie sind. Was immer sie tun, es behauptet, dass sie es um des eigenen Vorteils willen tun."[172]

Schirrmacher nennt den einen neuen ökonomischen Imperialismus. Damit ist nicht mehr die territoriale Ausweitung der Anlagemöglichkeiten für Kapital gemeint, sondern die Ökonomisierung der Sozialwissenschaften, letztlich von allem und jedem. Der Eigennutz wird als innerster Kern von rationalem Verhalten propagiert und politische und ökonomische Entscheidung werden von dieser Logik beherrscht. Und das ist für Schirrmacher die Quelle für eine neue soziale Entfremdung, eine Geschichte, in der „der Einzelne das Gefühl haben konnte, dass sich das ganze Universum gegen ihn verschworen hat, und wie nach dem Ende des Kalten Kriegs ein neuer Kalter Krieg im Herzen unserer Gesellschaft eröffnet wird."[173]

Wenn man also die besonderen Fähigkeiten der Menschen, sich aus vielfachen Perspektiven einem Problem zu nähern und im Abgleich der Perspektiven zu vernünftigen Entscheidungen zu kommen, wieder nutzen will, muss man als erstes die Algorithmen der digitalen Plattformen regulieren und ausschließen, dass Hass und Hetze auch noch belohnt werden.

Belohnt werden müsste die positive Nachricht, die Wertschätzung der anderen Meinung und die Anerkennung, dass es

---

[172] Schirrmacher, Frank(2013): Ego: Das Spiel des Lebens, S.10
[173] Ebenda, S. 18

keine objektive Wahrheit, sondern immer nur eine Annäherung an Wahrheit geben kann. Ideal wäre ein Zustand, wo alle am analogen wie digitalen Sprechen beteiligten Menschen sich über jede abweichende Stimme freuen könnten. Und nicht nur über die Vielfalt der Meinungen, sondern auch über die Personen selbst, die sich im Sprechen und Handeln erst als besondere zeigen können. Denn dann wären inhaltlich und persönlich die Voraussetzungen geschaffen, die über Abwägungsprozesse Gemeinsamkeiten entwickeln könnten, die dann zu einem gemeinsamen politischen Handeln münden könnten.

Schon in der Kita, vor allem aber in der Schule, der Universität, dem Beruf, in Nachrichtensendungen wie Talk-Shows sollte das demokratische Prinzip eingeübt werden, zuerst die verschiedenen Perspektiven wertzuschätzen und die Unterschiede abzuklären, um dann nach Übereinstimmungen suchen können, die dann in Handlungen umsetzbar wären. Dann wäre die Unzufriedenheit mit dem politischen System sicher auch wesentlich geringer.

Eine Etablierung von demokratischen Freiheiten beginnt dann, wenn die Freiheit, sich für Alternativen entscheiden zu können, schon früh eingeübt wird. Das nennt man pädagogisch Selbstwirksamkeit.[174] Kinder erleben sich als mitbestimmend und werden in ihren Bedürfnissen ernst genommen. Ein zu entwickelndes Interesse an Gemeinwohlorientierung und Partizipation sollte daher auch zu den Basics in Kitas und Schulen gehören. Denn es geht darum, die Freiheit, sich über Wirklichkeit konstruktiv austauschen zu können, schätzen zu lernen. Das wäre auch eine Prävention für die Folgen von Einsamkeit in der

---

[174] Siehe auch Weisband, Marina (2024): Die neue Schule der Demokratie. Wilder denken, wirksam handeln. Frankfurt (S. Fischer). U.a. hat Frau Weisband eine Software entwickelt (Aula), welche direkte Demokratie für Schüler*innen ermöglicht.

Phase der Adoleszenz, wie sie die norwegischen Forscher als Gefahr für Verschwörungstheorien im Erwachsenenalter beschreiben.

Ein offener geselliger Dialog funktioniert nur, wenn die Teilnehmerinnen auf gleicher Augenhöhe agieren können. Die Antwort auf Hass ist nicht Liebe, sondern „Kindness", meint Jonathan Franzen. Im Deutschen gibt es keine direkte Entsprechung, es ist eine Mischung aus Respekt, Freundlichkeit und positivem Denken. Ich möchte es mit „**distanzierter Freundlichkeit**" übersetzen.

Da sind Menschen mit hohem kulturellem Kapital, Medien, Talk-Shows als Vorbilder gefragt, zu zeigen, dass es gelingen kann, Menschen mit anderem sozialen oder politischem Hintergrund mit Respekt und nicht mit Verachtung zu begegnen. Mangelnder Respekt ist kein Phänomen der neuen Medien, sondern, das kritisierte Arendt auch schon in der Vita activa: „So ist ja offenbar der moderne Respektverlust, bzw. die Überzeugung, dass wir Respekt nur schulden, wo wir bewundern oder schätzen, ein deutliches Zeichen für die fortschreitende Entpersonalisierung des öffentlichen und gesellschaftlichen Lebens." (VA 310)

Bevor ich zum letzten Punkt einer Re-Vitalisierung des Politischen, dem „Sich-nicht-ducken", komme, soll ein Unterpunkt, der Hannah Arendt immer sehr wichtig war, das Lachen als subversive Kraft und gleichzeitig verbindende Kraft zur Sprache kommen. „Ich bin der Meinung, dass man lachen können muss, weil das Souveränität ist."[175], betont Arendt im Gespräch mit Joachim Fest. In ihrem Porträt von Waldemar Gurian kennzeichnet sie „Humor, vielleicht eine der erwachsensten

---

[175] Hannah Arendt im Gespräch mit Joachim Fest. Eine Rundfunksendung aus dem Jahr 1964. www.HannahArendt.net

Charaktereigenschaften." [176] Sich-lustig-Machen sei deshalb nicht zufällig bis ins letzte Drittel des letzten Jahrhunderts ein Privileg von Männern gewesen.

Charly Chaplin hat das politisch beispielhaft in der Demaskierung Hitlers in „Der große Diktator" umgesetzt. Lächerlich-Machen steht natürlich immer auch in der Gefahr, das Böse zu verharmlosen. Deshalb braucht es beides, das „der Lächerlichkeit preisgeben" wie darauf zu bestehen, dass die Naziverbrechen ein „unbestrafbares, unverzeihliches radikal Böses" waren, das man „weder verstehen noch erklären kann durch die bösen Motive von Eigennutz, Habgier, Neid, Machtgier, Ressentiment, Feigheit oder was es sonst noch geben mag und demgegenüber daher alle menschlichen Reaktionen gleich machtlos sind; dies konnte kein Zorn rächen, keine Liebe ertragen, keine Freundschaft verzeihen, kein Gesetz bestrafen." (EU 964)

Gute Witze helfen resilient gegen Verführer zu werden. Hannah Arendt ist das sehr bewusst. Der Satan, Inkarnation des Bösen, hat als Gegenspieler Gottes, wie man weiß, durchaus auch seine Bewunderer. Und da hilft kein rationales Argumentieren, sondern man muss die Person oder Gruppe der Lächerlichkeit preisgeben und damit ihren Nimbus, ihre Faszination zerstören. Hannah Arendt verfolgt diese Taktik auch in ihrem Eichmann-Buch. „Aber eine meiner Hauptabsichten war, die Legende von der Größe des Bösen, von dessen dämonischer Macht, zu zerstören, den Leuten die Bewunderung, die sie für große Bösewichte wie Richard III. und so weiter hegten, zu nehmen. Da fand ich bei Brecht die folgende Bemerkung: Die großen politischen Verbrecher müssen preisgegeben werden, insbesondere der Lächerlichkeit. Sie sind nicht große politische

---

[176] Arendt, Hannah: Menschen in finsteren Zeiten337

Verbrecher, sondern Menschen, die große politische Verbrechen zuließen, was etwas vollkommen anderes ist."[177]

Das stellt sich im Eichmann-Buch so dar: „Trotz der Bemühungen des Staatsanwalts konnte jeder sehen, dass dieser Mann kein Ungeheuer war, aber es war in der Tat sehr schwierig, sich des Verdachts zu erwehren, dass man es mit einem Hanswurst zu tun hatte."[178] Oder: „Was er tut oder nicht tut, und wenn er 10 Millionen tötet, er ist und bleibt ein Clown."(ebenda) Das Beunruhigende, aber auch das Lächerliche an Eichmann lag für sie in seiner Normalität und der scheinbaren Abwesenheit von menschlichen Reaktionen. Sich nicht ducken, das heißt auch Lachen, Mächtige der Lächerlichkeit preisgeben, aber in erster Linie auch Neinsagen können.

Schon in ihrer Promotionsschrift „Der Liebesbegriff bei Augustin" ist ihr die menschliche „Kapazität" des „Sich-gegen-Gott-Stellens" sehr wichtig. Diese münde in der „Gottesverlassenheit" und das sei der Zustand für Augustinus, in dem Philosophie als Eigenständigkeit des Denkens erst möglich würde. 1950 schreibt Hannah Arendt in ihrem Reisebericht (siehe Kapitel 1 „Der Zivilisationsbruch"), dass die Flucht aus der Wirklichkeit, die ihr überall in Deutschland begegnete, auch eine Flucht aus der Verantwortung sei.

„Es sieht so aus, als ob sich die Deutschen nun, da man ihnen die Weltherrschaft verwehrt hat, in die Ohnmacht verliebt hätten, als ob sie, ungeachtet der möglichen Konsequenzen für sich selbst, jetzt ein richtiges Vergnügen daran fänden, Betrachtungen über die internationalen Spannungen und die beim Regierungsgeschäft unvermeidlichen Fehler anzustellen. Furcht vor

---

[177] Arendt, Hannah (1973): Ich will verstehen S. 131, Interview mit Roger Errera
[178] Arendt, Hannah: Eichmann in Jerusalem. S.132

einer russischen Aggression führt nicht notwendigerweise zu einer unzweideutigen pro-amerikanischen Haltung, sondern zu einer entschiedenen Neutralität, als ob die Parteinahme in dem Konflikt ebenso absurd wäre wie bei einem Erdbeben."[179]

Gegenwehr erfordert eine Entscheidung gegen etwas, das man auf keinen Fall will. Aber um wirklich standhaft zu bleiben, muss man auch wissen, was man will und wofür man sich engagiert. Ein reines „Sich-Verhalten" ist auch mit einer „Wissenschaft" zufrieden, die das „offensichtliche Ideal einer Gesellschaft, die nichts kennen will als das „Glück" des Alltäglichen, reproduziert. Letztlich führt der Prozess der Konformisierung dazu, dass das Wesen des Menschseins zerstört wird. (siehe VA 54f)

„Der monolithische Charakter der Gesellschaft[180] in allen ihren Spielarten[181], deren natürlicher Konformismus immer nur ein Interesse und eine Meinung kennt, wurzelt letztlich in dem Ziel der Einheit des Menschengeschlechts[182].

Teil des Rudels, der Gruppe oder des „Volkes" zu sein ist offensichtlich ein wichtiges Entscheidungskriterium fürs Mitmachen. „Man hat eigentlich nur mitmachen wollen. Man ist bereit, alles mitzumachen. Wenn man einem sagt: „Du gehörst

---

[179] Arendt, Hannah: Zur Zeit. S.45

[180] Je größer die Gesellschaft desto konformistischer, denn abweichende Elemente haben keine Bedeutung für die Statistik der großen Zahlen.

[181] Egal ob in der Gesellschaft der Gläubigen im Mittelalter, in der Gesellschaft der Eigentümer (Locke), in der Erwerbsgesellschaft (Hobbes), in der Gesellschaft der Produzenten (Marx), in der der Jobholders heute, aber in der der Arbeiter im Kommunismus. Siehe Arendt, Hannah: Die verborgene Tradition. 8 Essays. S.41

[182] Arendt unterscheidet zwischen den Begriffen Menschengeschlecht und Menschheit. Menschengeschlecht meint die abstrakte Gattung, Menschheit die konkrete Pluralität der Menschen.

nur zu uns, wenn du mit mordest" – gut. Wenn man ihm sagt: „Du gehörst nur zu uns, wenn du nicht mit mordest" – auch gut."[183] Doch es gibt eine Alternative: Nicht mitmachen. „Dazu gehörte, dass man nicht Wir sagt, sondern, dass man Ich sagt, dass man selbst urteilt. Und dieses Selbst-Urteilen hat es überall gegeben, in allen Bevölkerungsschichten (…) Diejenigen, die mitmachten, haben sich (…) überall gleich gerechtfertigt. Sie haben gesagt, wir sind nur dageblieben, dass es nicht noch schlimmer kommen sollte." (…) schlimmer konnte es nicht kommen."[184]

Hannah Arendts Mutter war eine große Bewunderin von Rosa Luxemburg. Das hat sicher auch etwas damit zu tun, dass der kulturelle Hintergrund der Familien sehr ähnlich war. Für Rosa Luxemburg wie für Hannah Arendts Mutter war die Bedeutung des Familienmilieus von bürgerlich assimilierten Juden, deren kultureller Hintergrund deutsch war, für ihre eigenständige moralische Haltung und für ihr Selbstbewusstsein sehr wichtig.[185]

„Der verborgene Generalnenner für diese Menschen, die einander, aber kaum jemand anderen als ebenbürtig betrachteten, war das im Grunde ganz einfache Erlebnis einer Kindheit, in der wechselseitige Achtung und uneingeschränktes Vertrauen, eine allumfassende Menschlichkeit und eine echte, fast naive Verachtung für alle sozialen und nationalen Unterschiede als selbstverständlich betrachtet wurden."[186]

---

[183] Hannah Arendt im Gespräch mit Joachim Fest. Eine Rundfunksendung aus dem Jahr 1964. www.HannahArendt.net
[184] ebenda
[185] Der Essay über Rosa Luxemburg kann als Spiegelung ihrer eigenen Selbstreflexion gesehen werden. Das kommt auch in der Parallelität der Charakterisierung Leo Jogiches und Heinrich Blüchers zum Ausdruck.
[186] Arendt, Hannah: Menschen in finsteren Zeiten. S. 56

Den Grund für diese heute nicht mehr vorhandene Authentizität ihrer Moral „verdankten sie dem Umstand, in einer Welt aufgewachsen zu sein, die nicht aus den Fugen war. Sie gab ihnen das seltene Selbstbewusstsein, das für die Welt, in die sie später gerieten, etwas so Beunruhigendes haben und so peinlich als Arroganz und Einbildung empfunden werden musste."[187] Auch das trifft nicht nur auf Rosa Luxemburg zu, sondern auch auf Hannah Arendt.

Im Interview mit Gaus formuliert sie es auf sich bezogen so: „Und wenn ich noch einmal auf das Besondere meines Elternhauses zurückkommen darf: Sehen Sie, der Antisemitismus ist allen jüdischen Kindern begegnet. Und er hat die Seelen vieler Kinder vergiftet. Der Unterschied bei uns war, dass meine Mutter immer auf dem Standpunkt stand: Man darf sich nicht ducken! Man muss sich wehren!"[188]

Diese Haltung lebte Hannah Arendt nicht nur gegen die Vollstrecker des Massenmords an den europäischen Juden, sondern gegen die Juden selbst. Als sie 1941 nach geglückter Flucht in New York ankam, schrieb sie in der jüdischen Zeitung Aufbau: „Eine dem jüdischen Volk unbekannte Wahrheit, die es erst zu lernen beginnt, ist, dass man sich nur als das wehren kann, als was man angegriffen wird. Ein als Jude angegriffener Mensch kann sich nicht als Engländer oder Franzose wehren."[189]

Nach dem Zusammenbruch der totalitären Systeme durch den Krieg der Alliierten oder nach dem Tod Stalins, war für

---

[187] Arendt, Hannah: Menschen in finsteren Zeiten. S. 56

[188] Arendt, Hannah: Ich will verstehen S. 54

[189] Hannah Arendt: Die jüdische Armee – der Beginn einer jüdischen Politik?, in: Vor dem Antisemitismus ist man nur noch auf dem Mond sicher. Beiträge für die deutsch-jüdische Emigrantenzeitung „Aufbau" (2000), Hg. von Marie-Louise Knott, München (Pieper); Aufbau, 14.November 1941,

Hannah Arendt klar, dass „niemand mehr sagen konnte, das Moralische verstünde sich von selbst", wie Kant. Eine einfache Rückkehr zu den Werten der Tradition tue so, als hätten diese die Katastrophe wie ein Dornröschenschlaf unbeschadet überstanden. Auf das einsame Selbst ist offensichtlich kein Verlass. Das zeigte sich in dem massenhaften Überlaufen von Intellektuellen. Arendt nannte es Gleichschaltung. In Ausnahmefällen könnte daher eine Gewissensentscheidung wirksam werden, in der Regel sei aber die Anrufung moralischer Grundsätze hilflos, „da sie immer nur „diejenigen, die moralische Sätze für selbstverständlich" halten, erreiche.[190]

Entscheidend ist aber nicht die Haltung im totalitären System, sondern die Haltung vorher. Und das ist keine Charakterfrage, sondern wesentlich auch strukturell abhängig davon, das man etwas hat, was sich zu verteidigen lohnt. Also eine politische Frage. All das erfordert den Mut zu handeln und eine Haltung des Sich-nicht- Wegduckens vor Problemen, die nicht in einer Legislaturperiode zu lösen sind. Und das betrifft uns alle, ob beim Beobachten von Rassismus oder Antisemitismus oder bei der unterschwelligen Diskriminierung von Migranten.

Wenn Hannah Arendt trotz ihrer bösen Erfahrungen optimistisch sein konnte, dann können wir das auch. Neu anfangen zu können, das ist die Arendtsche Übersetzung der 11. Feuerbach-These „Die Philosophen haben die Welt nur interpretiert, es kommt darauf an sie zu verändern." Pessimismus ist Zeitverschwendung. In diesem Sinne, lassen Sie uns innehalten, Hassgefühle runterkochen und miteinander reden! Hannah Arendt macht auch da Hoffnung: „Man exponiert sich im Lichte der Öffentlichkeit, und zwar als Person. (...) Das zweite Wagnis ist: Wir fangen etwas an; wir schlagen unseren Faden in ein Netz der Beziehungen. Was daraus wird wissen wir nie.

---

[190] Arendt, Hannah: Über das Böse. S.51

Wir sind alle darauf angewiesen zu sagen: Herr, vergib ihnen, was sie tun, denn sie wissen nicht, was sie tun. (…) Und nun würde ich sagen, dieses Wagnis ist nur möglich im Vertrauen auf die Menschen. Das heißt, in einem schwer genau zu fassenden, aber grundsätzlichen Vertrauen in das Menschliche aller Menschen. Anders könnte man es nicht." [191]

Erinnerung und Antisemitismus

Zu lange haben wir uns offensichtlich in einer scheinbar gelungenen Aufarbeitung der NS-Zeit durch staatliche Institutionen gesonnt. Jetzt sieht man, dass das Tabu der westdeutschen Nachkriegszeit, auf keinen Fall rechtsextrem zu wählen, inzwischen verpufft zu sein scheint. Ein Grund dafür ist, da stimme ich Michel Friedmann[192] zu, dass es keine Erinnerungskultur der deutschen Verbrechen in der Tiefe der Gesellschaft gab. Bis heute wird über Verbrechen der Täter, die ja Teil der meisten Familien waren, geschwiegen. So konnte sich kein kollektives Gedächtnis über diesen Tiefpunkt deutscher Geschichte herausbilden, denn für die jüngeren Generationen ist die Nazizeit eine Black Box ihrer Familiengeschichte und damit auch kein Tabu mehr. Die Schweigespirale in der Nachkriegszeit hatte auch einen wesentlichen Anteil daran, dass über den Kern der totalitären Herrschaft, den Terror der Lager, nur ungern gesprochen wurde.

Nach 1945 war antisemitisches Gerede in Westdeutschland gesellschaftlich lange akzeptiert und juristisch nicht verfolgt worden. Das änderte sich erst durch die US-Serie „Holocaust- die Geschichte der Familie Weiß" 1978, mehr als 30 Jahre nach dem Zusammenbruch Nazideutschlands. Erst ab da konnte die

---

[191] Arendt, Hannah: Ich will verstehen. S. 72 /Schlusssatz des Gaus Interviews

[192] Siehe Friedman, Michel (2024): Judenhass

millionenfache Ermordung von Juden in Deutschland öffentlich debattiert werden. Vorher galt das Gebot des Schweigens, vor allem in den Familien der Täter-Generation. Eine Aufarbeitung auch der persönlichen Familiengeschichten fehlt bis heute. Immer noch können es die Nachfahren offensichtlich nicht ertragen, dass es wirklich geschehen ist, eine reale Geschichte, die auch ihre eigene ist, denn ihre Vorfahren haben sie verbrochen. Trotz dieser fehlenden Aufarbeitung dachte man jedoch, dass es in Deutschland gut gelungen sei, die furchtbare Geschichte aufzuarbeiten, denn auf der offiziellen Ebene schien alles klar zu sein. Angela Merkel erklärte sogar die Sicherheit Israels zur Staatsräson. Zwar weiß niemand, was das konkret bedeute, aber klar war, die Nazi-Verbrechen haben immer noch ihren Preis. Doch die Wirklichkeit in der Gesellschaft trägt das Votum Angela Merkels und auch die Bestätigung durch Olaf Scholz nicht mit. Das zeigt das lärmende Schweigen in der deutschen Öffentlichkeit nach dem 7.Oktober 2023. Der Judenhass ist nicht verschwunden.[193]

Ich denke daher, es ist an der Zeit zu versuchen, das Tabu des „Nie wieder Nazis wählen!" neu aufzurichten. Dazu brauchen wir eine neue Erzählung, die das Erschrecken über den Zivilisationsbruch des Massenmordes an den Juden wieder ins Alltagsbewusstsein rückt. Zielgruppe sind nicht nur diejenigen Deutschen, die Vorfahren in der Nazi-Zeit hatten, sondern auch alle neuen deutschen Staatsbürger, die in diese Geschichte mit ihrer Staatsbürgerschaft eingetreten sind, ob sie es wollen oder auch nicht. Wie ernst die Lage ist, sieht man an dem Wunsch Michel Friedmans : „Ich möchte gern einen Tag so leben wie einige meiner nicht jüdischen Freunde. Erleben, wie es

---

[193] Das kann man gut nachvollziehen in der Klageschrift „Judenhass" von Friedman, Michel (2024): Judenhass

wohl ist, wenn man nicht Menschen um sich herum weiß, die einem Böses wollen, nur weil man Jude ist."[194]

Heute gibt es Antisemitismus in vielfältiger Form, alle Punkte, die Hannah Arendt thematisiert hat, sind dabei. Neu ist ein israelbezogener Antisemitismus. Es gibt rechten Antisemitismus, der sich als Pro-Israel ausgibt, weil er, rassistisch gesehen, den Hauptfeind in den muslimischen Einwandern sieht. Die gängigen antisemitischen Verschwörungstheorien wie „Globalisten" werden trotzdem genutzt. Es gibt einen evangelikalen Antisemitismus in den USA, der auch antijudaistisch religiöse Elemente rekultiviert und es gibt einen antisemitischen („antirassistischen") Diskurs gegen Israel im Gewande des postkolonialen „globalen Südens". Seit Jahrzehnten wird aus angeblich postkolonialer Perspektive Israel ausschließlich durch die „antirassistische", „antikoloniale" Brille betrachtet. Israel erscheint dann als ein Kolonialstaat, als der „weiße Staat", der die Palästinenser kolonisiert oder gar einen Genozid vollstreckt. Und dieses Zerrbild dient dann implizit dazu, alles in das Schema einzuordnen, selbst das Hamas-Massaker. Das ist nicht links, sondern rechts. Den Israelis wird das Recht auf einen eigenen Staat und das Recht auf Selbstbestimmung abgesprochen. Faschistische Terrorgruppen wie die Hamas werden als Befreiungsbewegungen gefeiert, auch von Intellektuellen wie Judith Butler. Auch das ist nicht links, sondern rechts. Islamische Judenhasser werden wiederum gern von rechts als „importiert" einsortiert, um damit zu suggerieren, wenn es keine Einwanderung gäbe, gäbe es auch keinen Antisemitismus.

Es ist nicht antisemitisch, mit den Opfern in Gaza mitzuleiden und sie zu beklagen, wenn dabei klar ist, dass die Hamas eine faschistische Terrortruppe ist, die nur mit Gewalt bekämpft werden kann. Und deshalb der Versuch der israelischen

---

[194] Friedman, Michel (2024): Judenhass, S.79

Regierung legitim ist, die Hamas zu entwaffnen und die Geiseln zu befreien. Dann kann man mit Recht von der teilweise rechtsradikalen israelischen Regierung fordern, die Zivilbevölkerung in Gaza besser zu schützen, ohne in einen Antisemitismusverdacht zu kommen.

Entscheidend ist, wir müssen aus der Schwarz-Weiß-Logik herauskommen. Alle Beteiligten sollten zum einen anerkennen, dass Antisemitismus nicht mit Rassismus gleichzusetzen ist, sondern ein eigenständiges Phänomen ist und in vielfältiger Gestalt daherkommt.

Die auch heute wirksamen Merkmale sind: Antisemitismus macht Jüdinnen und Juden kollektiv für egal was verantwortlich. Jüdinnen und Juden werden als böse und gefährlich dargestellt, letztlich verteufelt. Jüdinnen und Juden werden in ein je nach Situation abgewandelte Verschwörungstheorie eingebaut. Und gegen einen solchen, übermächtigen, teuflischen Feind, so die Logik nicht nur der Hamas, hilft nur Vernichtung.

Wir können von der Annahme ausgehen, dass Antisemitismus ein weltweites Gift ist, welches Juden als konkrete Personen gar nicht mehr bedarf, das was Hannah Arendt als Erfahrungslosigkeit beschreibt. In Indonesien zum Beispiel gibt es unter 100 Juden, die meistens aus dem Christentum konvertierte Juden sind, aber die Bevölkerung ist in überwiegender Mehrheit antisemitisch eingestellt. Auch in Deutschland sind antisemitische Einstellungen bei jedem Fünften stabil. Da, wie Hannah Arendt gezeigt hat, ein erfahrungsloser Antisemitismus tödlich sein kann, müssen wir bereit dazu sein, über Antisemitismus auch bei uns zu reden. Wir müssen reden, solange reden bis Michel Friedman jeden Tag genauso angstfrei leben kann wie ich.

Was dabei auch helfen könnte, sind Biografien nicht nur aus der Opferperspektive, sondern auch aus der Perspektive der aktiven Täter wie der passiven Mitläufer. Es waren, wie man weiß, ganz normale Männer und Frauen, die sich als staatlich legitimierte Mörder herausgestellt haben. Der Film „The Zone of Interest" von Glazer über Rudolf und Hedwig Höß macht einen Anfang. Ich könnte mir vorstellen, dass eine neue mediale Umsetzung, wie in der amerikanischen Serie Holocaust, die 1978 einen Wendepunkt in der deutschen Diskussion über den Massenmord (Holocaust) darstellte, jetzt vielleicht bei Netflix, auch heute einen Versuch wert wäre. Denn ob die Gesellschaft widerständig gegen das Gift des Antisemitismus wird, wird nicht im Kanzleramt entschieden, sondern an jedem Küchentisch zuhause. Zuhause sollte man endlich beginnen, über die Opas und Omas, wahrscheinlich Uromas und Uropas zu reden, um das Loch in der Familiengeschichte ein wenig aufzufüllen. Denn es stimmt halt nicht, dass die meisten Opas und Omas im Widerstand waren wie angeblich viele Jugendliche glauben.

Die lokalen Gedenkstätten der KZs und Vernichtungslager bleiben als Lernorte wichtig, gerade auch in Zeiten der Globalisierung. Entscheidend aber ist, ob in den Gedenkstätten der Terror der Lager als das Wesen der totalen Herrschaft begreifbar gemacht werden kann. Durch eine konkrete Anschauung, die man nicht wegklicken kann.

Neu und in der Dimension noch nicht ausgeleuchtet ist die These Hannah Arendts vom Wesen der totalitären Herrschaft. Terror wird in der Regel als ein Angst einflößendes Instrument verstanden, das man von Terroristen wie von Diktatoren kennt. In der totalen Herrschaft allerdings wird der Terror zu einem eisernen Band, welches die Gesellschaft zu einem einheitlichen Körper, mit einheitlichem Willen zusammenpressen soll. Mir gefällt die Analogie zu einer wuselnden Schafsherde, die durch beißende Hütehunde zu einer einheitlichen Masse, die sich in eine Richtung bewegt, zusammengepresst wird.[195] Nur wenn wir verstehen, dass die Existenz des Menschen als ein Wesen, das es nur im Plural gibt, ernsthaft durch Terror zugrunde gerichtet werden kann, begreifen wir die Gefahr, die in totalitärer Herrschaft steckt. Und können begreifen, dass die Diktaturen weltweit letztlich prätotalitäre Regime sind.

Das sieht man aktuell an dem Rollback einer regelbasierten Geopolitik wie sie alle Länder in der UN-Charta unterzeichnet haben. Dass diese Charta nicht mehr viel wert ist, sieht man allein daran, dass die Russische Föderation als Vetomacht offen neoimperialistische Ziele bei dem Versuch, die Ukraine als selbstständigen Staat auszulöschen, verfolgt. Dieser Neo-Imperialismus muss zurückgewiesen werden und darf nicht erfolgreich sein, wenn man als Ziel eine friedliche Weltordnung anstrebt. Chinas angebliche Neutralität spricht hier Bände. Mich jedenfalls bringt die Harmoniesucht zuerst mit Russland, jetzt mit China der deutschen Sozialdemokratie zur Verzweiflung.

Die Ideologie des Postkolonialismus ist weltweit vor allem in den Universitäten auf dem Vormarsch. Richtig, dass Rassismus gegen Schwarze und die Überwindung der Folgen des Kolonialismus nicht nur afrikanische Länder etwas angeht, sondern in den ehemaligen Kolonial-Ländern bearbeitet und bewältigt werden muss. Problematisch wird die Sache aber dann, wenn aus der ursprünglich auf Diversität ausgerichteten Theorie eine neue binäre Ideologie wird. Dann gibt es wieder das Konstrukt „Wir gegen die", das Freund-Feind-Denken. Sich als links sehende junge Menschen, gerade auch an den Universitäten, tappen so wieder in die Falle der Ideologieverschworenheit wie man am Beispiel der Vernichtungsphantasien gegen Israel sehen kann. Wer diese neue Variante von Antisemitismus bekämpfen will, muss daher die Basis-Ideologie des

---

[195] „Wer der Herde folgt, sieht nur Ärsche." (Spruchweisheit)

Postkolonialismus, der den Hauptfeind im „Westen" (weiße Vorherrschaft) sieht, bekämpfen. Die Fiktion des „Globalen Südens" imaginiert eine historische Situation Ende des 19. Jahrhunderts als aktuelle Wirklichkeit und begibt sich in die offen ersehnte Opferposition, um eine Rechtfertigung für Feindbilder zu haben.

Rassismus und Antisemitismus wirken wie Herpes- Viren[196], die auch jederzeit neu ausbrechen können. Antisemitismus hat im Unterschied zu allgemeinem Rassismus noch eine besondere Note[197], er richtet sich gegen eine verschwindende Minderheit und bekommt vor allem dann eine politische Relevanz, wenn es gelingt Juden als heimliches Verschwörungsnetzwerk zu imaginieren. Daran wird allerdings auch deutlich, dass Antisemitismus immer Teil eines Machtkampfs ist. Antisemitismus wie auch damit verbundene Ideologien richten sich immer gegen „den Westen", die westliche Kultur und die westlichen Werte.

Und da diese ideologischen Systeme davon leben, ein Freund-Feind-Schema zu konstruieren, sind sie in letzter Konsequenz tödlich für alle, die zum Feind erklärt wurden. Daraus gibt es nur eine Lehre, jede Form von Rassismus und Antisemitismus muss bekämpft werden, auch wenn er heute wie bei den Campus-Krawallen in den USA im linken Gewande auftritt. Letztlich wird jede Identitätspolitik rechts, wenn sie die Pluralität der Menschen als Individuen, die verschieden sind, leugnet. Und damit auch eng verknüpft ist, dass es keine objektive Wahrheit für Menschen geben kann, die oberhalb oder

---

[196] Ich denke da an Viren wie das Herpes-Virus, welches sich jahrelang im Körper versteckt hält und dann aktiv wird, wenn das Immunsystem mal schwächelt.
[197] Antisemitismus ist wie ein Kanarienvogel im Bergwerk, er warnt vor etwas tendenziell Tödlichem.

unabhängig von den unterschiedlichen Perspektiven jedes
Einzelnen existiert.

Schluss

Mirna Funk[198] vertritt die These, dass wir der Wahrheit nur dann näherkommen können, wenn wir gegensätzliche Positionen in uns aushalten, ohne dabei innerlich zu zerreißen. Diese These unterlegt sie mit einem jüdischen Witz: Nach Jahren auf einer einsamen Insel findet man einen Schiffsbrüchigen. Dieser hatte zwei Synagogen auf der Insel gebaut. Als man ihn fragt: "Warum?", antwortet er: „In die eine gehe ich, in die andere würde ich keinen Fuß setzen!" Das bebildert ganz gut, wie Menschen dazu neigen, sich gegenseitig ausschließende Narrative zu brauchen. Der Ideologe schwört auf die einzig wahre Wahrheit, ein Mensch mit der Fähigkeit zur Ambiguitätstoleranz weiß dagegen, dass es Widersprüche gibt, die sich nicht einfach auflösen lassen, sondern die man aushalten muss. Die Wahrheit befindet sich irgendwo zwischen den sich ausschließenden Polen. Es gibt Dichotomien, aber sie sind nicht immer klar und auch nicht immer aufhebbar, weder durch Dialektik noch durch Parteilichkeit. Das ist vielleicht auch Teil der menschlichen Bedingtheit, dass Pluralität notwendigerweise abweichende Perspektiven neu erzeugt, weil Wirklichkeit aus unterschiedlicher Perspektive wahrgenommen wird. Diese zutiefst humanistische Sicht auf unsere Spezies, das ist, was man von Hannah Arendt lernen kann.

Es wäre schon viel gewonnen, wenn alle politischen Kräfte das Urteil des Bundesverfassungsgerichts zum NPD-Verbot vom 17. Januar 2017 ernst nehmen würden. Da heißt es: „Das Grundgesetz geht davon aus, dass nur die ständige geistige Auseinandersetzung zwischen den einander begegnenden sozialen Kräften und Interessen, den politischen Ideen und damit auch den sie vertretenden Parteien der richtige Weg zur

---

[198] Funk, Mirna (2024): Von Juden lernen, dtv

Bildung des Staatswillens ist. Es vertraut auf die Kraft dieser Auseinandersetzung als wirksamste Waffe auch gegen die Verbreitung totalitärer und menschenverachtender Ideologien."[199] Gekoppelt mit dem Leitsatz: „Ferner ist das Demokratieprinzip konstitutiver Bestandteil der freiheitlichen demokratischen Grundordnung. Unverzichtbar für ein demokratisches System sind die Möglichkeit gleichberechtigter Teilnahme aller Bürgerinnen und Bürger am Prozess der politischen Willensbildung und die Rückbindung der Ausübung der Staatsgewalt an das Volk (Art. 20 Abs. 1 und 2 GG).", könnte Hannah Arendt dem sicher zustimmen. Doch wer liest schon Urteile des Bundesverfassungsgerichts?

Hannah Arendt sah eines der Hauptprobleme in Europa im Nationalstaatsprinzip, das immer zur Homogenisierung neigt und Fremdes in Form von Minderheiten oder besonderen Charakteren auszusondern versucht. Für Arendt ist daher allein ein föderales System geeignet, alle möglichen Minderheiten aufzunehmen, auch die Jüdinnen und Juden.

Diesen Gedanken spricht Robert Habeck in seiner Festrede zur Verleihung des Karlspreises an Oberrabbiner Pinchas Goldschmidt aus: „Die Finalität der europäischen Einigung wäre eine „Förderale europäische Republik". Eine „Einheit in Vielfalt" in einer aus unterschiedlichen Kulturen und Sprachen, Nationen und geschichtlichen Bezügen gebildeten Union. In solch einer föderalen Union muss niemand Angst vor dem Verlust der je eigenen Geschichte und Kultur haben. In dieser Föderalen Republik rühren der institutionelle Wille zur gemeinsamen Verständigung und die demokratischen Tugenden ihrer Bürgerinnen und Bürger aus der wechselseitigen Anerkennung als Freie – und damit immer als Unterschiedliche. (…) Das europäische Judentum ist nicht das zu Europa hinzugekommene,

---

[199] Bundesverfassungsgericht: NPD-Urteil 2017

tolerant zu ertragende. Im Gegenteil. Es ist der europäischen Idee eingeschrieben, macht sie aus. Europa so verstanden, so gelesen, stiftet eine Verbundenheit ohne Ab-Stammeszugehörigkeit. In einem solchen Europa kann man sich niederlassen – endlich auch als Jüdin oder Jude. Zu Hause sein. Angekommen. Heimat Europa."[200]

Eine persönliche Bemerkung zum Schluss. Ich bin optimistisch aus zwei Gründen: Zum einen bin ich gelassener geworden durch die Ermutigung Hannah Arendts, dass es Freundschaft gibt und diese Freundschaft immer wichtiger ist als jede Besserwisserei, das hilft bei polarisierten Auseinandersetzungen, ob über Impfungen, die Unterstützung der Ukraine oder dem Hass auf Israel.

Zum anderen habe ich die feste Überzeugung, dass Politik und Ökonomie nicht alternativlos sind, sondern es immer die Chance für einen Neuanfang gibt. „This beginning is guaranteed by each new birth; it is indeed every man."[201].

Menschen brauchen eine positive Alternative, wenn sie in finsteren Zeiten nicht mutlos werden sollen. Willy Brandt hatte das verstanden, als er gegen den Widerstand der Umfragemehrheiten eine neue Ostpolitik durchsetzen wollte. Diese schwierige Frage verknüpfte er mit dem Angebot vor allem auch an junge Wähler*innen, mehr Demokratie zu wagen. Und damit gewann er die Bundestagswahl 1972. Mehr Demokratie wagen könnte auch heute noch, verknüpft mit dafür geeigneten öffentlichen Räumen, ein positives Versprechen sein und einen neuen sozialen Zusammenhalt begründen.

---

[200] Habeck, Robert (2024): Festrede zum Karlspreis
[201] Natürlich weiß ich, dass die Beharrungsreflexe der Parteien und jedes einzelnen Menschen groß sind und deshalb Änderungen sehr schwer durchsetzbar sind.

IV. Materialien:

Hannah Arendt über Freundschaft [202]

„Wir sind heute gewohnt, in der Freundschaft ausschließlich ein Phänomen der Intimität zu sehen, in der die Freunde unbehelligt von der Welt und ihren Ansprüchen einander die Seelen eröffnen. Der beste Vertreter dieser Ansicht ist Rousseau, nicht Lessing, und ihr entspricht die Weltentfremdung des modernen Individuums, das sich in der Tat nur fern aller Öffentlichkeit in der Intimität und unter vier Augen offenbaren kann. So fällt es uns auch schwer, die politische Relevanz der Freundschaft zu verstehen, und wenn wir etwa bei Aristoteles lesen, dass die „philia", die Freundschaft zwischen den Bürgern, eines der Grunderfordernisse des gesunden Gemeinwesens sei, so sind wir geneigt zu glauben, er habe von nicht mehr gesprochen als von der Abwesenheit der Parteikämpfe und des Bürgerkriegs im Innern der Stadt. Für die Griechen aber lag das eigentliche Wesen der Freundschaft im Gespräch, und sie waren der Meinung, dass das dauernde Miteinander-Sprechen erst die Bürger zu einer Polis vereinige. Im Gespräch manifestiert sich die politische Bedeutung der Freundschaft und der ihr eigentümlichen Menschlichkeit, weil dies Gespräch (im Unterschied zu den Gesprächen der Intimität, in welchen individuelle Seelen über sich selbst sprechen), so sehr es von der Freude an der Anwesenheit des Freundes durchdrungen sein mag, der gemeinsamen Welt gilt, die in einem ganz präzisen Sinne unmenschlich bleibt, wenn sie nicht dauernd von Menschen besprochen wird. Denn menschlich ist die Welt nicht schon darum, weil sie von Menschen hergestellt ist, und sie wird auch

---

[202] Arendt, Hannah (1999): Rede Lessing-Preis S. 42

nicht schon dadurch menschlich, dass in ihr die menschliche Stimme ertönt, sondern erst, wenn sie Gegenstand des Gesprächs geworden ist.

Wie sehr wir von den Dingen der Welt betroffen sein mögen, wie tief sie uns anregen und erregen mögen, menschlich werden sie für uns erst, wenn wir sie mit unseresgleichen besprechen können. Was nicht Gegenstand des Gesprächs werden kann, mag erhaben oder furchtbar oder unheimlich sein, es mag auch eine Menschenstimme finden, durch die es in die Welt hineintönt; menschlich gerade ist es nicht. Erst indem wir darüber sprechen, vermenschlichen wir, was in der Welt, wie das, was in unserem eigenen Innern vorgeht, und in diesem Sprechen lernen wir, menschlich zu sein. Diese Menschlichkeit, die sich in den Gesprächen der Freundschaft verwirklicht, nannten die Griechen philanthropia, eine »Liebe zu den Menschen«, die sich daran erweist, dass man bereit ist, die Welt mit ihnen zu teilen. Ihr Gegensatz, die Misanthropie oder der Menschenhass, bestand darin, dass der Misanthrop niemanden findet, mit dem er die Welt teilen möchte, dass er niemanden gleichsam für würdig erachtet, sich mit ihm an der Welt und der Natur und dem Kosmos zu erfreuen. Diese griechische Philanthropie hat dann in der römischen humanitas manche Abwandlungen erfahren, deren wichtigste die ist, dass ihr in Rom die politische Tatsache entsprach, dass Menschen der verschiedensten Herkunft und Abstammung das römische Bürgerrecht erhalten und so in das Gespräch zwischen den gebildeten Römern über die Welt und das Leben aufgenommen werden konnten. Und es ist dieser politische Hintergrund, der die römische Humanitas von dem, was die Moderne Humanität nennt und worunter sie oft ein bloßes Bildungsphänomen versteht, unterscheidet. Dass das Humane nicht schwärmerisch auftritt, sondern nüchtern und kühl; dass die Menschlichkeit sich nicht in der Brüderlichkeit erweist, sondern in der

Freundschaft; dass die Freundschaft nicht intim persönlich ist, sondern politische Ansprüche stellt und auf die Welt bezogen bleibt."

Walter Benjamin: Angelus Novus

Die Bedeutung Walter Benjamins für Arendts Methode der Analyse totaler Herrschaft wird betont durch ihre Übernahme des Denkbildes „Angelus Novus"[203].

Benjamin interpretiert das Bild[204] selbst so: „Es gibt ein Bild von Klee, das Angelus Novus heißt. Ein Engel ist darauf dargestellt, der aussieht, als wäre er im Begriff, sich von etwas zu entfernen, worauf er starrt. Seine Augen sind aufgerissen, sein Mund steht offen und seine Flügel sind ausgespannt. Der Engel der Geschichte muss so aussehen. Er hat das Antlitz der Vergangenheit zugewendet. Wo eine Kette von Begebenheiten vor *uns* erscheint, da sieht *er* eine einzige Katastrophe, die unablässig Trümmer auf Trümmer häuft und sie ihm vor die Füße schleudert. Er möchte wohl verweilen, die Toten wecken und das Zerschlagene zusammenfügen. Aber ein Sturm weht vom Paradiese her, der sich in seinen Flügeln verfangen hat und so stark ist, dass der Engel sie nicht mehr schließen kann. Dieser Sturm treibt ihn unaufhaltsam in die Zukunft, der er den Rücken kehrt, während der Trümmerhaufen vor ihm zum Himmel wächst. Das, was wir den Fortschritt nennen, ist *dieser* Sturm."[205]

---

[203] Arendt, Hannah. Elemente und Ursprünge totaler Herrschaft S.348
[204] Siehe Titelbild oder <u>Angelus Novus – Wikipedia</u>
[205] Walter Benjamin: Über den Begriff der Geschichte (1940), These IX

Hannah Arendt über Verlassenheit [206]

„Tyrannen und Despoten haben immer gewusst, dass Gleichheit ihrer Untertanen, Ausschaltung von Rangunterschieden und Verhinderung jeder gesicherten, gesellschaftlichen und politischen Hierarchie die unabdingbare Voraussetzung ihrer Herrschaft bildet. Der griechische Tyrann, der, wie uns eine Geschichte berichtet, seine Herrschaftsmethoden an einem Kornfeld illustriert, auf dem er die Ähren mit einem Schlag alle auf die gleiche Höhe herunterschlägt, zeigte nur, was aller tyrannischen und despotischen Weisheit letzter Schluss ist. Aber solche Gleichheit ist für totale Herrschaft nicht genug, denn sie läßt alle nichtpolitischen Beziehungen zwischen den Untertanen außer Betracht und kümmert sich nicht um deren Familienbindungen oder ihre gemeinsamen kulturellen Interessen. Sie isoliert die Menschen nur voneinander, sie stößt sie nicht in die Verlassenheit. Will die totale Herrschaft ihr Ziel wirklich erreichen, so muss sie dafür sorgen, dass »es mit der Neutralität des Schachspielens um des Schachspielens willen ein für alle Mal ein Ende hat«, genauso wie es mit der Kunst um der Kunst willen unbedingt ein Ende haben muss. Für den totalitären Herrscher stehen die beiden Tätigkeiten des Schachspielens und der Kunst auf durchaus dem gleichen Niveau; in beiden ist der Mensch völlig von einer Sache absorbiert und gerade darum nicht vollkommen beherrschbar. Himmler hat nicht zu Unrecht den SS-Mann als den neuen Typus definiert, der unter keinen Umständen je »eine Sache um ihrer selbst willen« tun wird. Der Schachspieler ist mit seinem Mitmenschen immer noch durch das Brett verbunden, das die Gegner voneinander trennt und gleichzeitig miteinander verbindet, weil es ein Stück einer ihnen gemeinsamen Welt ist. Nur wo diese gemeinsame Welt völlig zerstört und eine in sich völlig

---

[206] Arendt, Hannah. Elemente und Ursprünge totaler Herrschaft. S.724-732

unzusammenhängende Gesellschaftsmasse entstanden ist, deren heterogene Gleichförmigkeit aus nicht nur isolierten, sondern auf sich selbst und nichts sonst zurückgeworfenen Individuen besteht, kann die totale Herrschaft ihre volle Macht ausüben, sich ungehindert durchzusetzen. Vom Standpunkt totaler Herrschaft gesehen, ist eine Gesellschaft verspielter Taugenichtse, die sich etwa nur für das Schachspielen um des Schachspielens willen interessiert, nur um einen Grad, aber nicht prinzipiell ungefährlicher und hinderlicher als eine Klasse von Bauern, die an nichts interessiert ist als an der Bestellung des Bodens. Den Boden um seiner selbst willen zu bestellen – gerade dies kann die totalitäre Diktatur nicht dulden. Für den Schachspieler, der nicht mehr um des Schachs willen spielt, verliert das Brett sofort den Charakter eines Stücks aus einer gemeinsamen Welt; es wird zu einem Mittel zum Zweck, das jederzeit von willkürlich gesetzten und veränderlichen Zwecken zerstört werden kann. Die russischen Säuberungsprozesse, die der Klassen- und Gruppenliquidierung unweigerlich vorangehen, dienen dem Zweck, nicht nur eine strukturlose »klassenlose Gesellschaft«, sondern eine atomisierte Massengesellschaft herzustellen. Dies wird technisch dadurch erreicht, dass jede Anklage nicht nur einen einzelnen betrifft, sondern den ganzen Kreis seiner normalen menschlichen Beziehungen, seine Familie, seine Freunde, seine Arbeits- und Berufskollegen, seine Bekanntschaften mit einbezieht. Die Vorteile, die das Prinzip des »guilt by association« jeder willkürlichen Gewaltherrschaft bietet, schon weil es eine geordnete Rechtsprechung sofort vernichtet, sind bekannt genug, und die Nazis haben von ihm, als es sich für sie darum handelte, die Grundlage nicht nur der alten, sondern jeder Legalität zu untergraben, reichlich Gebrauch gemacht; auch in Hitler-Deutschland galt: wer mit Juden umgeht, ist selbst ein Jude. Aber die eigentliche Radikalisierung dieses Prinzips ist doch eher eine Eigentümlichkeit der bolschewistischen totalen Diktatur geworden, sofern es hier so generalisiert und so systematisch verwendet wird, dass es zu

einem zentralen Konstituens der Sowjetgesellschaft geworden
ist. Sobald gegen jemanden Anklage erhoben wird, müssen sich
seine Freunde über Nacht in seine erbittertsten und gefährlichs-
ten Feinde verwandeln, weil sie dadurch, dass sie ihn denun-
zieren und dabei helfen, das Aktenstück der Polizei und der
Staatsanwaltschaft gehörig anzureichern, sich ihrer eigenen
Haut wehren können; da es sich bei den Anklagen im Allgemeinen um nichtexistente Verbrechen handelt, braucht man gerade sie, um den Indizienbeweis zu erbringen. Während der
großen Säuberungswellen gibt es überhaupt nur ein Mittel, die
eigene Zuverlässigkeit zu beweisen, und das ist die Denunziation seiner Freunde. Und dies wiederum ist, was die totale
Herrschaft und die Mitgliedschaft in einer totalitären Bewegung angeht, ein durchaus richtiger Maßstab; hier ist in der Tat
nur der zuverlässig, der seine Freunde zu verraten bereit ist.
Was suspekt ist, sind Freundschaft und jegliche andere
menschliche Bindung überhaupt. Was die »Freunde« also vor
allem beweisen müssen, ist, dass ihre Bekanntschaft mit dem
Angeklagten nur ein Vorwand war, ihn auszuspionieren, ob er
nicht vielleicht ein Saboteur sei oder ein Trotzkist oder ein
Agent des Auslandes oder ein Faschist – je nachdem, worauf
die Anklage gerade lautet. Da diese Art Beweismittel offenbar
nur von Freunden erbracht werden kann, ist es klar, dass der
durchschnittliche Sowjetbürger eines in den unzähligen Säube-
rungsaktionen der Polizei gelernt hat, nämlich dass nichts so
gefährlich ist, wie überhaupt Freunde zu haben, und zwar nicht
wegen der sich unmerkbar einstellenden Intimität, in der man
in Gefahr geraten könnte, seine geheimsten Gedanken zu verraten, sondern einzig und allein, weil niemand im Moment der
Gefahr ein dringenderes Interesse an seinem Ruin haben wird
als diejenigen, die ihm am nächsten verbunden sind. Die völlige Atomisierung der russischen Massengesellschaft, die bei
weitem alles übersteigt, was wir aus anderen Ländern kennen,
ist letztlich nur diesen radikalen und bis in die letzte Konsequenz getriebenen Polizeimethoden zu verdanken, die auch in

verhältnismäßig ruhigen Zeiten eine Aura von hilfloser Verlassenheit um jeden einzelnen legen, die durch bloß jeweilig sich ereignende und zeitlich befristete Katastrophen niemals erzeugt werden könnte. Die totalitären Bewegungen sind Massenorganisationen atomisierter und isolierter Individuen, von denen sie eine, verglichen mit anderen Parteien und Bewegungen, unerhörte Ergebenheit und »Treue« verlangen und erhalten können. Wie sehr die totale

Ergebenheit der Mentalität des Massenindividuums entspricht, kann man deutlichst daran ablesen, dass totalitäre Führer und Bewegungen sich auf sie verlassen können, bevor sie die Macht ergriffen und den totalen Terror organisiert haben. Innerhalb der Bewegung genügt die ideologisch begründete Behauptung, dass die Bewegung im Begriff stehe, die gesamte Menschheit zu organisieren, vollkommen, denn wer diese Behauptung ernst nimmt, schließt sich ja von der zukünftigen Menschheit überhaupt aus, wenn er die Forderung der totalen »Treue« nicht erfüllt. Auch macht die Machtergreifung die totalitäre Bewegung keineswegs, wie wir sehen werden, überflüssig; in Russland, wo totale Herrschaft der Organisation einer totalitären Bewegung teils voranging, teils sie begleitete, wurden die Bedingungen für das Entstehen des Massenindividuums und seiner Mentalität eben künstlich geschaffen. Totale »Treue« ist eine der wesentlichen psychologischen Grundbedingungen für das Funktionieren der Bewegung. Und sie wiederum kann nur von absolut isolierten Individuen geleistet werden, denen die Bindung weder an die Familie noch an Freunde, Kameraden oder Bekannte einen gesicherten Platz in der Welt garantiert. Dass es überhaupt auf der Welt ist und in ihr einen Platz einnimmt, hängt für ein Mitglied der totalitären Bewegung ausschließlich von seiner Mitgliedschaft in der Partei und der Funktion ab, die sie ihm zugeschrieben hat. Treue, wie wir sie kennen, ist niemals absolut und niemals absolut zuverlässig, schon weil kein Mensch eigentlich für sich selbst absolut gutsagen kann. Dies hängt unter anderem damit zusammen, dass unsere Treue stets an bestimmte, konkrete Menschen und Inhalte gebunden ist, über die wir eine Meinung haben, die wir, weil wir sie haben (und die Meinung nicht uns hat), auch ändern können. Die totalitären Bewegungen haben dies sehr wohl erkannt, und sie haben, jede in ihrer eigenen Manier, sich die größte Mühe gegeben, alle spezifischen, konkreten Inhalte, die ihnen aus den Anfängen ihrer Entwicklung überkommen waren, zu eliminieren. Sie wussten sehr gut, dass jedes noch so radikal und

scheinbar unerreichbare, aber politisch definierbare Ziel, das mehr beinhaltet als den Anspruch auf Weltherrschaft, und jedes politische Programm, das die »weltanschaulichen Fragen der nächsten Jahrtausende« konkretisieren würde, der totalen Herrschaft im Wege stehen würden, weil sie konkret genug wären (auch wenn sie ganz utopisch gehalten sind), um eine Meinung und damit eine mögliche Meinungsänderung zu erlauben. Hitlers größte Leistung in der Reorganisation der ihm in die Hände fallenden Nationalsozialistischen Partei, die, bevor er sich ihrer annahm, eine der vielen unbedeutenden Gruppierungen war, in denen sich Welterlöser und Scharlatane aller Sorten zusammenfanden, war, dass er das Parteiprogramm abschaffte, und zwar nicht dadurch, dass er es durch ein anderes ersetzte, sondern einfach indem er sich weigerte, es zu erwähnen oder es einer öffentlichen Diskussion auszusetzen. Dabei hatte es den zusätzlichen Vorteil, dass die verhältnismäßig gemäßigten Forderungen der immer radikaler werdenden Bewegung auch noch ein gewisses Alibi nach außen verschafften. Auch in dieser Hinsicht hatte es Stalin erheblich schwerer, denn das sozialistische Programm der bolschewistischen Partei, das immerhin die Theorien Marx' noch zur Grundlage hatte, war eine erheblich schwerere Belastung als das Fabrikat eines Scharlatans und Demagogen. Stalin hat das Parteiprogramm, als er erst einmal die Fraktionen innerhalb der kommunistischen Partei liquidiert hatte, einfach durch den Zick-Zack-Kurs der Parteilinie abgeschafft, in deren dauernden Schwenkungen und Neuinterpretationen des »Marxismus« alle konkreten, greifbaren Gehalte sich wie von selbst auflösten. Die elementare Tatsache, dass die beste Kenntnis Marx' und Lenins nicht das geringste dazu beitrug, vorhersagen zu können, in welche Richtung sich die Parteilinie morgen schlagen würde, sondern dass solch ausschlaggebend wichtige Kenntnis nur der täglich erscheinenden Zeitung zu entnehmen war, in der am Morgen das stand, was Stalin den Tag zuvor gesagt hatte, hatte genau die gleiche Folge der Entleerung aller Inhalte wie Hitlers Weigerung, Inhalte zu diskutieren. Auch hier hatte es keinen Sinn mehr, Marx oder Lenin oder dem Sozialismus oder dem Kommunismus die Treue zu halten, sondern einzig und allein der dauernd sich bewegenden und niemals voraussehbaren Bewegung selbst. In Himmlers schlagender Formulierung des Spruches für die SS »Meine Ehre heißt Treue« kommt eine Mentalität zum Ausdruck, die für den Nazismus wie für den Bolschewismus gleich charakteristisch ist; während die Ehre eines Menschen sonst in dem gegründet ist, dem er die Treue hält, ist hier die Treue selbst, in abstraktester Gehaltlosigkeit und gerade darum in einem nicht überbietbaren Fanatismus, zu dem gemacht, was jeden einzelnen überhaupt zusammen- und in der Welt hält. Das Fehlen eines Parteiprogramms jedoch ist an sich noch kein Kennzeichen dafür, dass wir es mit einer totalitären Bewegung zu tun haben. Die ersten, die Parteiprogramme für überflüssig erklärten, weil sie in ihrer Stabilität sowohl die Gefahr bindender Versprechen wie ein Hindernis für eine Bewegung sahen, waren Mussolini und der faschistische Aktivismus und »Aktualismus«, die alles dem »historischen Moment« und seiner inspirierenden Kraft anheimgeben wollten. Der Drang, sich der Gewalt um jeden Preis zu bemächtigen, und der damit zusammenhängende, verständliche Widerwille, öffentlich zu sagen, wozu man nun eigentlich die Gewalt benutzen wolle, ist charakteristisch für alle Mobführer und Demagogen, die daher auch immer so besonders erbittert von dem »Schwatzen« normaler Parteiführer reden. Totalitäre

Führer gehen über diese bekannten Verhaltungsweisen der Demagogie erheblich hinaus, schon weil sie an weit mehr als an der Macht und der Machtergreifung in einem Lande interessiert sind. Das Ziel des Faschismus war wirklich nichts als die Machtergreifung und die Etablierung der faschistischen »Elite« im Staatsapparat des Landes. Die totale Herrschaft gibt sich niemals damit zufrieden, von außen, durch den Staat und einen Gewaltapparat, zu herrschen; in der ihr eigentümlichen Ideologie und der Rolle, die ihr in dem Zwangsapparat zugeteilt ist, hat die totale Herrschaft ein Mittel entdeckt, Menschen von innen her zu beherrschen und zu terrorisieren. In diesem Sinne schafft die totale Herrschaft gerade den Unterschied zwischen Herrschern und Beherrschten ab und erzielt einen Zustand, in dem das, was wir unter Macht und Willen zur Macht verstehen, gar keine oder eine sekundäre Rolle spielt. Der totalitäre Führer ist wirklich nichts als ein Exponent der von ihm geführten Massen; er ist nicht ein machthungriges Individuum, das seinen Untertanen einen willkürlichen Willen tyrannisch auferlegt. Als Exponent ist er jederzeit ersetzbar und hängt von dem »Willen« der Massen, die er verkörpert, genauso ab wie die Massen von ihm, ohne den sie »körperlos« bleiben würden. Ohne den Führer sind die Massen ein Haufen, ohne die Massen ist der Führer ein Nichts. Hitler, der über diese Zusammenhänge sehr gut Bescheid wusste, hat dies einmal anlässlich einer Rede an die SA so ausgedrückt: »Alles, was ihr seid, verdankt ihr mir; alles, was ich bin, verdanke ich euch.« Wir sind nur allzu geneigt, solche Aussprüche nicht ernst zu nehmen oder sie in dem Sinne missverstehen, dass eben hier Handeln, wie so oft in der abendländischen Geschichte und ihrer politischen Tradition, als Erteilen und Ausführen von Befehlen definiert ist. Dabei war immer vorausgesetzt, dass der Befehlende denkt und will, um dann sein Denken und Wollen einer gedanken- und willenlosen Gruppe aufzuerlegen, sei es durch Überzeugung oder durch Autorität oder Gewalt. Hitler hingegen war der Meinung, dass es auch das »Denken … nur in der

Erteilung oder im Vollzug eines Befehls (gibt)«, und hat damit sogar in theoretisch artikulierter Form den Unterschied zwischen Denken und Handeln wie den zwischen Herrschen und Beherrschtsein aufgehoben. Weder der Nationalsozialismus noch der Bolschewismus haben je eine neue Staatsform proklamiert oder behauptet, dass ihre Ziele mit dem Ergreifen der Macht und des Staatsapparats befriedigt seien. Was die Herrschaft anlangte, so ging es ihnen um etwas, was kein Staat und kein bloßer Gewaltapparat, sondern nur eine ständig in Bewegung gehaltene
Bewegung leisten kann, nämlich die ständige und sich auf alles erstreckende Beherrschung jedes einzelnen Menschen. Die Macht als Gewalt ist für totalitäre Herrschaft niemals ein Ziel, sondern nur ein Mittel, und die Machtergreifung in einem gegebenen Land nur das willkommene Durchgangsstadium, nicht das Ende der Bewegung. Das praktische Ziel der Bewegungen ist, soviel Menschen wie möglich in die Bewegung hinein zu organisieren und in Schwung zu bekommen; ein politisches Ziel, bei dem die Bewegung an ihr Ende kommen würde, gibt es überhaupt nicht."

Perikles: Rede in Athen 431 v.Z. [207]

Ich will nicht von den kriegerischen Erfolgen reden, reden will
ich darüber aus welcher Gesinnung, mit welcher Verfassung,
durch welche Lebensform wir so groß geworden sind. Die Verfassung ist unvergleichbar mit anderen, sie kann höchstens ein
Vorbild für Nachahmer werden. Wir nennen sie, weil sie nicht
auf wenigen beruht, sondern alle freien Bürger Athens umfasst,
Volksherrschaft. In dieser Demokratie sind in den Streitereien
der Bürger der Polis alle gleich. Aber die bekommen bei den
Abstimmungen den Vorzug, die sich im Reden und Handeln
Ansehen erworben haben, nicht nach Geburt oder Reichtum,
sondern nach ihrem Verdienst für die Polis. Dieses freie Leben
erfordert, dass wir alle nachsichtig im Umgang von Mensch zu
Mensch sind. Damit diese Freiheit möglich ist, erlauben wir uns
aber streng auf die Einhaltung der Gesetze zu achten und den
jährlich wechselnden Beamten zu gehorchen.
Insbesondere die Gesetze, die die Rechte der Verfolgten schützen, sind uns wichtig. Genauso wie die ungeschrieben Regeln,
die, wenn man sie verletzt, Schande bringen. Wettspiele und
Opferfeste sind uns ein Genuss, genauso wie die hier erzeugten
oder die aus aller Welt importierten Güter.
Im Kriege vertrauen wir nicht auf Söldner, sondern auf unseren
eigenen Mut. Unsere Stärke liegt in der ungebundenen Lebensweise, schon in der Erziehung. Unsere Stadt verdient

----

[207] Das ist eine Zusammenfassung der Rede Perikles im Winter 431 v.
Z. auf die Gefallenen des ersten Jahres des Peloponnesischen Krieges (
431-404 v.Z.) Sie ist sie ein herausragendes Zeugnis für das Selbstverständnis der Polis. Diese Rede wurde in der „Geschichte des Peloponnesischen Krieges" von Thukydides (Thuk. 2, 35–46) überliefert und
von mir stilistisch modernisiert.

Bewunderung, dass sie es nicht nötig hat, wie Sparta ihre Bürger von Kindheit an militärisch zu drillen. Wir sind trotzdem erfolgreich, gerade weil wir eine natürliche Tapferkeit besitzen.

Wir lieben das Schöne und bleiben bodenständig, wir lieben den Geist und werden nicht schlaff und passiv, sondern beteiligen uns tagtäglich an der Sorge um unsere Stadt und haben dazu immer ein klares Urteil. Den Bürger, der sich den öffentlichen Angelegenheiten entzieht, den nennen wir schlecht. Wir entscheiden in allen Polisangelegenheiten selbst oder denken sie miteinander richtig durch. Denn wir sehen im Reden keine Gefahr für das Handeln, wohl aber darin, sich nicht zuerst durch Reden zu beraten, ehe man zur nötigen Tat schreitet. Besonders zu loben sind dabei diejenigen, die die Schrecken und die Freuden am klarsten erkennen und darum den Gefahren nicht ausweichen.

Auch im Edelmut und der Treue ist ein Gegensatz zwischen den Athenern und den meisten anderen, denn nicht über Bitten oder Korruption, sondern durch Gewähren von Wohltaten gewinnen wir unsere Freunde. Und das nicht aus Berechnung, sondern aus der sicheren Freiheit unserer Polis.

Zusammenfassend kann ich sagen: Unsere Stadt ist das Vorbild Hellas und wir brauchen keinen Homer mehr, der unsere Heldentaten erzählt, denn wir kämpfen genauso wie die hier zu lobenden, die im Krieg gefallenen Bürger Athens, mit Mut und im edlen Kampfe, ohne auf persönliche Vorteile zu hoffen, für unsere Stadt. Mit solchen Vorbildern sollt auch ihr das Glück in der Freiheit sehen und die Freiheit im kühnen Mut und euch nicht umblicken nach den Gefahren des Krieges! Und nun erhebt den Klageruf, jeder um den er verlor, und dann geht.

V. Literatur

<u>Hannah Arendt Originale</u>

EU: Sigle von Hannah Arendt (2023): Elemente und Ursprünge totaler Herrschaft. Neuedition, München. (Piper)
VA: Sigle von Hannah Arendt (1981): Vita Activa oder vom tätigen Leben. Taschenbuchausgabe, München. (Piper)

Hannah Arendt/Heinrich Blücher (1996): Briefwechsel 1936-1968. München. (Piper)
Hannah Arendt/Mary McCarthy (1995): Briefwechsel 1949 – 1975. München. (Piper)
Hannah Arendt/ Dolf Sternberger (2019): Briefwechsel 1946- 1975. Berlin. (Rowohlt)

Hannah Arendt (1971): Benjamin, Brecht. Zwei Essays. München. (Piper)
Hannah Arendt (2012): Das Urteilen. München. (Piper)
Hannah Arendt (1976): Die verborgene Tradition. 8 Essays. Frankfurt/M. (Suhrkamp)
Hannah Arendt (2006): Denken ohne Geländer. München. (Piper)
Hannah Arendt (2020): Denktagebuch 1950-1973, München.(Piper)
Hannah Arendt (2018): Die Freiheit, frei zu sein. München. (dtv)
Hannah Arendt (2011): Eichmann in Jerusalem. Erw. Tb. München. (Piper)
Hannah Arendt (2012): In der Gegenwart. Übungen im politischen Denken II. München. (Piper)
Hannah Arendt (2005): Ich will verstehen. München. (Piper)
Hannah Arendt (2012): Menschen in finsteren Zeiten. München. (Piper)
Hannah Arendt (1970): Macht und Gewalt. München. (Piper)

Hannah Arendt (1930): Philosophie und Soziologie, in: Die Gesellschaft 7, im Online-Archiv der Friedrich-Ebert-Stiftung

Hannah Arendt (1959): Rahel Varnhagen. München. (Piper)

Hannah Arendt (1999): Rede anlässlich der Verleihung des Lessing-Preises 1959. Hamburg. (EVA, Rotbuch)

Hannah Arendt (2016): Sokrates. Apologie der Pluralität. Berlin. (Matthes & Seitz)

Hannah Arendt(1958): The Origins of Totalitarianism, New York.

Hannah Arendt (2006): Über das Böse. München.(Piper)

Hannah Arendt (2020): Über die Revolution. Neuedition. München. (Piper)

Hannah Arendt (1979): Vom Leben des Geistes. Das Denken. Das Wollen. München. (Piper)

Hannah Arendt (2000): Vor dem Antisemitismus ist man nur noch auf dem Mond sicher. München. (Piper)

Hannah Arendt (2015): Wahrheit gibt es nur zu zweien. Briefe an Freunde. München. (Piper)

Hannah Arendt (2019): Was ist Existenz-Philosophie?, Göttingen. (Wallstein, Online)

Hannah Arendt (2003): Was ist Politik? München. (Piper)

Hannah Arendt (2012): Zwischen Vergangenheit und Zukunft. Tb. München. (Piper)

Hannah Arendt (1989): Zur Zeit. Politische Essays. München. (dtv)

Über Hannah Arendt

Benhabib, Seyla (2006): Hannah Arendt. Die melancholische Denkerin der Moderne, Frankfurt. (Suhrkamp)

Brunkhorst, Hauke (1999): Hannah Arendt, München. (Beck'sche Reihe)

Grunenberg, Antonia (2008): Hannah Arendt und Martin Heidegger, München. (Piper)

Jens Hacke: Denken am Abgrund. Hannah Arendts monumentale Geschichte totalitärer Gegenwart – Nachwort in: Meyer, Thomas:

Hannah Arendt: Elemente und Ursprünge totaler Herrschaft, Neuedition, München. 2023 (Piper)

Heinrich-Böll-Stiftung Hg. (2007): Hannah Arendt: Verborgene Tradition – Unzeitgemäße Aktualität? Berlin. (Akademie Verlag)

Heuer, Wolfgang (2006): Politik und Verantwortung, Bundeszentrale für politische Bildung, „APuZ" (Aus Politik und Zeitgeschehen) vom 21.09.2006

Jaeggi, Rahel (2008): Wie weiter mit Hannah Arendt? , Hamburg. (Hamburger Edition)

Kemper, Peter (Hrsg.) (1993): Die Zukunft des Politischen, Ausblicke auf Hannah Arendt, Frankfurt/Main. (Fischer)

Meyer, Thomas (2023): Hannah Arendt, Die Biografie, München. (Piper)

Rebentisch, Susanne (2022): Der Streit um Pluralität, Berlin. (Suhrkamp)

Schulze Wessel, Julia (2015): Totale Herrschaft und Totalitarismus. Hannah Arendt und Carl Joachim Friedrich, in: Frank Schale, Ellen Thümmler (Hg.)(2015): Den totalen Staat denken, Baden-Baden. (Nomos), S. 51-73

Sennett, Richard (1998): Verfall und Ende des öffentlichen Lebens. Die Tyrannei der Intimität. Frankfurt a. M. (Suhrkamp)

Sontheimer, Kurt (2005): Hannah Arendt, München. (Piper)

Sznaider, Natan (2022): Fluchtpunkte der Erinnerung. Über die Gegenwart von Holocaust und Kolonialismus, München. (Hanser)

Wiebel, Martin (Hrsg) (2013): Hannah Arendt. Ihr Denken veränderte die Welt. Das Buch zum Film. München. (Piper)

Wildt, Michael (2017): Volk, Volksgemeinschaft, AfD. Hamburg. (Hamburger Edition)

Wild, Thomas (2006): Hannah Arendt, Frankfurt. (Suhrkamp)

Sonstige Literatur

Benjamin, Walter (2011): Gesammelte Werke, Frankfurt (Zweitausendeins)

Benjamin, Walter (1940): Über den Begriff der Geschichte in Benjamin, Walter (2011), Gesammelte Werke,Bd.2., S. 957

Blom, Philipp (2013): Böse Philosophen. Ein Salon in Paris und das vergessene Erbe der Aufklärung, München. (dtv)

Bücker, Susanne (2022): Die gesundheitlichen, psychologischen und gesellschaftlichen Folgen von Einsamkeit. Kompetenznetz Einsamkeit.

Bundesministerium für Familie, Senioren, Frauen und Jugend (2024): Strategie der Bundesregierung gegen Einsamkeit

Bundesministerium für Familie, Senioren, Frauen und Jugend (2024): Einsamkeitsbarometer 2024. Langzeitentwicklung von Einsamkeit in Deutschland

Coppo, Davide (2024): Der Morgen gehört uns. Roman. München (Kjona)

Därmann, Iris (2023): Sadismus mit und ohne Sade. Berlin. (Matthes & Seitz)

Eibl, Karl (Hg.) (1989): Entwicklungsschwellen im 18. Jahrhundert, Zeitschrift Aufklärung.Jg.4. Heft 1

Eilenberger, Wolfram (2018): Zeit der Zauberer. Stuttgart. (Klett-Cotta)

Friedman, Michel (2024): Judenhass. 7. Oktober 2023. Berlin. (Berlin Verlag)

Geier, Manfred (2005): Martin Heidegger. Reinbek. (rororo)

Gorz, Andre' (1984): Wege ins Paradies. Berlin. (Rotbuch)

Graf Kielmansegg, Peter (2013): Die Grammatik der Freiheit. Acht Versuche über den demokratischen Verfassungsstaat. Baden-Baden. (Nomos)

Greiffenhagen, Martin, Kühnl, Reinhard, Müller, Johann Baptist (1972): Totalitarismus. München. (List)

Grünbein, Durs (2020): Jenseits der Literatur. Oxford Lectures. Berlin. (Suhrkamp)

Hilberg, Raul (1992): Täter, Opfer, Zuschauer. Vernichtung der Juden 1933-1945. Frankfurt/Main. (Fischer)

Hillmann, Günter (Hg.) (1971): Die Rätebewegung I. Reinbek. (rororo)

Kersten,Jens/Neu, Claudia/Vogel, Berthold (2022): Das Soziale-Orte-Konzept. Zusammenhalt in einer vulnerablen Gesellschaft. Bielefeld. (transcript)

Mann, Heinrich (1988): Ein Zeitalter wird besichtigt. Erinnerungen. Frankfurt/Main (Fischer)

Mannheim, Karl (1952): Ideologie und Utopie. Rückübersetzung aus dem Englischen, dritte, vermehrte Auflage der ersten Fassung von 1929. Frankfurt/Main. (G. Schulte-Blumke Verlag)

Martens, Wolfgang (1993): Geselligkeit im „Geselligen" (1748-1750). In: Gutjahr/Kühlmann/Wucherpfennig (Hg.): Gesellige Vernunft. Zur Kultur der literarischen Aufklärung. Würzburg. (Könighausen & Neumann)

Reckwitz, Andreas (2019): Das Ende der Illusionen. Politik, Ökonomie und Kultur in der Spätmoderne. Berlin. (Suhrkamp)

Reckwitz, Andreas (2019): Die Gesellschaft der Singularitäten. Zum Strukturwandel der Moderne. Berlin. (Suhrkamp)

Reemtsma, Jan Philipp (2013): Vertrauen und Gewalt. Hamburg (Hamburger Edition), E-Book (Kindle-Version)

Schale, Frank, Thümmler, Ellen (Hrsg.) (2015): Den totalen Staat denken. Baden-Baden. (Nomos)

Schirrmacher, Frank (2013): Ego: Das Spiel des Lebens. München. (Karl Blessing Verlag)

Schwichtenberg, Leonie, Schröder, Karenina, Seberich, Michael (2024): Jung und einsam - Internationale Perspektiven für ein neues politisches Handlungsfeld. Bertelsmann Stiftung; als pdf: https://www.bertelsmann-stiftung.de/fileadmin/files/Picture-Park/2024-06/Jung_und_einsam_final.pdf

Sloterdijk, Peter (2023): Die Rache des Prometheus. Berlin. (Suhrkamp)

Snyder, Timothy (2015): Black Earth. Warum sich der Holocaust wiederholen kann. München. (C.H. Beck)

Steinmayr, Ricarda, Miriam Schmitz, Maike Luhmann (2024).

Wie einsam sind junge Erwachsene im Jahr 2024? Ergebnisse einer repräsentativen Umfrage. Hrsg. Bertelsmann Stiftung, Gütersloh.

Störig, Hans Joachim (1969): Kleine Weltgeschichte der Philosophie. 2.Bd. Frankfurt. (Fischer)

Vowinckel, Annette (2015): Hannah Arendt. Stuttgart. (Reclam)

Weisband, Marina (2024): Die neue Schule der Demokratie. Wilder denken, wirksam handeln. Frankfurt. (S. Fischer)

Wolffsohn, Michael (2022). Eine andere Jüdische Weltgeschichte. Freiburg. (Herder)

Watson, Peter (2000): Das Lächeln der Medusa. München. (Bertelsmann)

Zick, Andreas, Küpper, Beate, Macros, Nicoi (2023): Die distanzierte Mitte. Friedrich Ebert Stiftung. Bonn. (Dietz Verlag)

Online-Literatur

Beck, Julia (2024): Generation Z. „Sie wurden viel gekuschelt und getröstet" https://www.handelsblatt.com/karriere/generation-z-sie-wurden-viel-gekuschelt-und-getroestet/100033617.html

Bierwiaczonek, K., Fluit, S., von Soest, T. *et al.* Die Entwicklung der Einsamkeit über drei Jahrzehnte hinweg wird mit verschwörungstheoretischen Weltanschauungen in der Lebensmitte in Verbindung gebracht. *Nat Commun* **15**, 3629 (2024). https://doi.org/10.1038/s41467-024-47113-x

Bovermann, Phillip (2024): Blicke in die Einsamkeitsmaschine, SZ vom 19.1.2024, Kultur, https://www.sueddeutsche.de/kultur/rudolf-levy-emma-stone-yorgos-lanthimos-toc-publishing-joerg-meuthen-1.6335679

Bundesverfassungsgericht: NPD-Urteil 2017: https://www.bundesverfassungsgericht.de/SharedDocs/Downloads/DE/2017/01/bs20170117_2bvb000113.pdf;jsessionid=15512EC5DDAC8EF04D3C3EBE29517B33.internet011?__blob=publicationFile&v=4

Umberto Eco (1995): Urfaschismus in DER ZEIT vom 7.7.1995
https://www.zeit.de/1995/28/Urfaschismus/komplettansicht

Gundlach, Marie (2024): Gemeinschaftsprojekt Landleben. Wir bauen uns ein Dorf. SZ vom 4.5.2024. https://www.sueddeutsche.de/projekte/artikel/gesellschaft/hitzacker-dorf-gemeinschaft-wohnen-wendland-familie-e306689/

Göbel, Esther (2024): Verhaltensbiologie. Die Macht der Massen, 24.3.2024, Süddeutsche Zeitung, Wissen, https://www.sueddeutsche.de/projekte/artikel/wissen/biolologie-heuschrecken-kollektivverhalten-schwarm-e336405/?reduced=true

Haas, Michaela: Die Demokratie steht am Abgrund, aber sie begreifen es nicht, SZ vom 20.4.2024; https://www.sueddeutsche.de/meinung/kolumne-michaela-haas-usa-donald-trump-medien-1.6563861

Habeck, Robert (2024): Rede zum Karlspreis
file:///C:/Users/giers/Documents/Hannah%20Arendt/Andere%20Autoren/rede%20habeck%20zur%20verleihung%20des%20karlspreises.pdf

Häntzschel, Jörg (2023): Ausstellung im Münchner NS-Dokuzentrum:"Warum müssen wir so sehr leiden?", SZ vom 23.6.2023, Kultur,
https://www.sueddeutsche.de/kultur/ns-dokuzentrum-muenchen-ringelblum-archiv-warschauer-ghetto-holocaust-1.5977322

Heidtmann,Jan/ Muschel, Roland /Wernike, Christian / Ferstl, Max (SZ 2024): Gewalt im Wahlkampf, Protokolle und Porträts, SZ vom 3.6.2024 https://www.sueddeutsche.de/projekte/artikel/politik/gewalt-wahlkampf-phaenomen-e368366/

Käppner, Joachim (2023), 30.8.2023, Interview mit Michel Friedmann, „Dieses Land muss sich dringend verändern", Süddeutsche Zeitung, Kultur, https://www.sueddeutsche.de/kultur/michel-friedman-interview-schlaraffenland-1.6177723?reduced=true

Marinić, Jagoda: Danke, İlker Çatak, SZ vom1.3.2024, Meinung, https://www.sueddeutsche.de/meinung/ilker-catak-kultur-das-lehrerzimmer-oscar-rassismus-1.6411758

Meiler, Oliver (2024): Terror in Frankreich: Er hasste den Lehrer, weil der die Liebe zur Republik weckte, SZ, Politik, https://www.sueddeutsche.de/politik/frankreich-terror-ermordung-lehrer-motiv-islamist-1.6344762

Neudecker, Michael (2023): Eine Geschichte über Bier und Gerechtigkeit, SZ vom 16.8.2023, Politik, https://www.sueddeutsche.de/politik/bier-und-gerechtigkeit-england-crooked-house-pub-brand-1.6133892

Olanigan, Adefunmi: TAZ-Kolumne: Gen Z. auf dem Job-Markt. Der Diskurs um Arbeitsmoral nervt. https://taz.de/Gen-Z-auf-dem-Jobmarkt/!6004738/

Preissler, Karoline auf Twitter: https://twitter.com/PreislerKa/status/1801117014989127884

Rabe, Jens-Christian (2024): Steffen Mau und Hartmut Rosa im Interview: Kippt diese Demokratie?, SZ vom 25.1.2024,https://www.sueddeutsche.de/kultur/steffen-mau-hartmut-rosa-afd-1.6338787

Register

Autor

Ulrich Gierse wurde 1953 in Westfalen geboren. Er studierte Soziologie, Politologie und Germanistik in Marburg, in Hamburg schloss er sein Studium 1981 mit dem Zweites Staatsexamen ab. Anschließend verschlug es ihn – häufig hauptberuflich - in die Kommunal-, Landes- und Bundespolitik für die Grünen. Kurze Phasen als Programmierer, selbstständiger Kaufmann (Bioladen) und Journalist erweiterten seinen Horizont. 2000 begann er eine Tätigkeit als Lehrer in einer Stadtteilschule in Hamburg. Dort übernahm er neun Jahre lang auch den Vorsitz der Mitarbeitervertretung (MAV). Ab 2018, vor allem in der Corona-Zeit konnte er sich wieder dem widmen, was in der Lehrertätigkeit zu kurz kam: Politische Theorie, Literatur und Geschichte.

Danksagung

Liebe Sylvia, Doris und Volker, ich danke euch ganz herzlich für eure Mithilfe!